西学大家系列

裴素娟 编译

杜拉斯 自述

〔法〕杜拉斯 著

天津出版传媒集团

天津人民出版社

图书在版编目(CIP)数据

　　杜拉斯自述 / (法) 杜拉斯著；裴素娟编译. -- 天
津：天津人民出版社，2021.4
　　(西学大家系列)
　　ISBN 978-7-201-16759-6

　　Ⅰ. ①杜… Ⅱ. ①杜… ②裴… Ⅲ. ①迪拉斯(
Duras, Marguerite 1914-1996)-自传 Ⅳ.
①K835.655.6

　　中国版本图书馆 CIP 数据核字(2020)第 228676 号

杜拉斯自述
DULASI ZISHU

出　　版	天津人民出版社
出 版 人	刘　庆
地　　址	天津市和平区西康路 35 号康岳大厦
邮政编码	300051
邮购电话	(022)23332469
电子信箱	reader@tjrmcbs.com

责任编辑	岳　勇
装帧设计	汤　磊

印　　刷	高教社(天津)印务有限公司
经　　销	新华书店
开　　本	880 毫米×1230 毫米　1/32
印　　张	5.5
插　　页	2
字　　数	160 千字
版次印次	2021 年 4 月第 1 版　2021 年 4 月第 1 次印刷
定　　价	46.00 元

序

　　玛格丽特·杜拉斯是 20 世纪最具影响力、最特立独行、最魅力四射的女作家。在近半个世纪的艺术创作生涯中，杜拉斯为我们构建了一个"熔小说风貌、戏剧情节、电影画面与音乐色彩于一炉"的五彩斑斓的艺术世界。《情人》为她斩获了 1984 年法国龚古尔文学奖，也为她赢得了法国乃至全世界如潮的读者，从此杜拉斯在法国、在整个世界文坛都拥有了一席之地。据不完全统计，杜拉斯的作品已被译为三十余种文字在世界各地喜爱她的读者中间广泛传阅。她也被法国著名传记作家劳拉·阿德莱尔赞誉为"当代法国最富创造性的杰出人物"。

　　杜拉斯早年生活在法属殖民地越南，那是杜拉斯的生命底片。那里的稻田、罗望子树、湄公河、渡船……都是她成长的背景，都让她终生魂牵梦绕。不过，那里也有她难以摆脱的梦魇。母亲平素偏执地专宠大儿子而忽视一双小儿女，尤其对毫不起眼的杜拉斯要么冷漠相待，要么非打即骂。虽然杜拉斯作为一名白人有着一种种族上的优越感，但与这种白人优越感形成鲜明对比的是经济上的困窘。他们家在白人圈子里是经济上的困难户，她母亲终其一生都在为摆脱生活的拮据而苦苦挣扎。为了实现"稻米女王"的梦想，母亲曾放弃可免费获得的三百公顷的土地，被骗用二十余年的积蓄购买了几乎常年被太平洋海水淹没的根本无法耕种的租让地,又徒劳地雇工修筑抵挡太平洋的堤坝却以失败而告终。为此经济彻底陷入窘境的母亲几近精神崩溃。年少的杜拉斯曾目睹母亲为了维护在白人圈子里的体面和尊严趁着黑色夜幕的掩护偷偷地去偿还高利贷。尽管这样,还是有债主到他们家里来逼债,在他们家的客厅里拿不到钱就赖着不走,爱面子的母亲哭泣着把钱甩给他们,他们才悻悻离去。这样一位屡屡遭受生活重创而变得悲观失望的母亲对杜拉斯产生了深远的影响。母亲的这些形象以这样或那样的形式出现在她的诸多作品中,如《抵挡太平洋的堤坝》《情人》等。

在东方的法属殖民地成长的杜拉斯对那里有一种潜滋暗长的情愫。在她早年模糊的记忆中总是萦绕着湄公河冲积平原上的阳光、一望无垠的稻田、弥漫于周围的安南口音、暹罗森林里平房游廊上的月光……这片她生活过的异国土地对她来说是"母亲的土地,故土和精神的栖居"。生于斯长于斯的杜拉斯把越南视为她的老家。十八岁时,回到法国的她不但难以忘怀曾经生活了十多年的越南,而且也难以融入法国的生活,这两种迥异的元素在她的生活、身体、灵魂中剧烈地冲突碰撞,使她陷于一种前所未有的危机之中。在这种日夜缠斗不息的危机的包围之中,她觉得"我的老家越南又来报复我了"。杜拉斯用写作来突围。写作给予了她第二次生命,这些诉诸笔端的文字纾解了长久以来困扰她的早年的心理创伤和情感危机,让她在探索独特的适合浇灌她心中块垒的文字的过程中不断地成长成熟,终于有一天那个曾经觉得无处容身、孤单无助的小女孩破茧成蝶。

人生早年经历的许多身体上和精神上的痛苦使杜拉斯成为一个叛逆而富有激情的女人,成为一个无政府主义者。这种不可遏制的叛逆和激情体现在对自由的狂热追求中。为了获取她向往的理想的政治自由,二战时期她参加了抵抗运动,后来又加入了法国共产党。她激情澎湃地投身于共产主义事业之中,1960年介入阿尔及利亚独立事件,1968年投身于"五月风暴"中。她的一生都在为自由而不懈斗争。

杜拉斯对政治自由追求的过程伴随着她对性自由的探索。毋庸置疑,杜拉斯是一个以爱情为主题的作家,也是一个爱情专家。不仅如此,现实生活中,她也在用行动践行着她性自由的观念。欲望是她的行动纲领。她一生都在追求欲望的满足,都在满怀激情地捍卫着女性获得肉体欢娱的权利,在肉体的欢愉中不断抵达她所向往的女性的极致自由。在对性自由的追求中,杜拉斯试图找到因童年受到劫掠而失去的心理平衡,延续因亲爱的小哥哥突然离世而中断的兄弟情结,探索女性解放的途径。那个童年生活于经济与精神双重飘摇中的小女孩长大了,她要成为自己人生航向的舵手。

自诩为爱情专家的杜拉斯的笔下有许多关于殖民主义、种族主义、社会阶层等各种原因导致的异化的爱。《广岛之恋》中那个无名无姓的法国女人和初恋情人——一名德国士兵的爱情成为不可饶恕的错误的爱情。在战争的大背景下,爱情成为错误的渊薮。人们宁可视厌倦无聊为被容忍的美德,也不愿两个年轻鲜活、富有生命活力的异国年轻人去追求他们美好而神圣的爱情。这种战争中受人们诅咒的爱情的结果是德国士兵在战争结束即将与自己的恋人追寻属于他们的幸福的黎明时分被法国的无名复仇者击毙,而遭受失去恋人之痛、幸福幻灭之悲的女人非但没有得到人们包括亲人们的丝毫同情,反而因为这段战时的恋情被剃光了头发游街示众。在《情人》中,白人女孩"我"与中国情人的恋情因为种族主义的隔阂而被扭曲异化。"我"爱他和他的金钱、他的社会地位息息相关。更为吊诡的是,"我"的家人在享受着他带"我"们去当地最奢华的消费场所吃喝玩乐的同时,却对不是白人的他视而不见、置之不理。这是一种因种族主义、金钱至上而导致的畸形的爱,中国情人一直处于卑微的从属地位,像是一个爱仆。而在"我"要离开他回法国时,"我也哭了,但却没有流泪,因为他是中国人,不应该为他流泪"。

这些异化的爱实际上是越界的爱情,有的是跨越国界、种族的爱情如《情人》《中国北方的情人》《广岛之恋》中的爱情,有的是跨越阶层的爱情如《厚颜无耻的人》,有的是跨越道德与法律界限的爱情如《夏夜十点半》。这些或真实或虚构的越界爱情和现实中杜拉斯的感情过往有着千丝万缕的联系。她早年和中国情人的恋情,在和罗伯特·安泰尔姆的婚姻存续期间和迪奥尼斯·马斯科罗的恋情、米拉尔·雅尔罗的激情,六十六岁的她和二十八岁的扬·安德烈亚的金色黄昏之恋都似乎佐证了杜拉斯的一生都听从内心欲望——爱、性、死亡的召唤。

杜拉斯的作品是以其家庭、其自身的经历为蓝本创作的。她曾说过:"读者——忠实的读者,不带任何条件的读者,对我书中的人物都是认识的:我的母亲,我的哥哥,我的情人,还有我,地点都是我过去已经写过的,从暹罗山到卡蒂纳大街,许多地点都写过……"她书中的许多人物和情节像一块块拼图一样在或隐或现地拼凑着她的人生。《抵挡太平洋的堤坝》《夏夜十点半》《死亡的疾病》《情人》等都是探索杜拉斯人生迷宫的或隐或现的阿里阿德涅的线团。

"玛格丽特·杜拉斯生在越南,在那里她父亲是数学老师,母亲是小学教员。除了童年时代在法国有过一段短暂的逗留,她直到十八岁才离开西贡。"这段杜拉斯多次使用于其书前的自我介绍表明,她的一生都已居留在那个业已远逝的越南,停滞于司汤达所谓的永无止境的童年。离开越南多年的杜拉斯通过回忆和想象构建了她心目中的东方——越南。随着西方文明的逐步崛起,东方被西方定势想象为贫穷落后、疫病泛滥的危险之地。而在《抵挡太平洋的堤坝》中,她的父母是受法国殖民当局美化殖民地的宣传蛊惑才来到这片所谓的财富、冒险和梦想的地方的,但迎接他们的是越南让人有气无力的炎热、成群结队的麻风病人和不可掌控的生活及命运。

在她笔下,这种离开多年之后通过不断回忆建构起来的真假相间、虚实交织的文本世界成就了杜拉斯书写的独特性、复杂性和历史性。虽然"东方"一词并没有出现在她的文本中,但东方的因子却是时时处处徘徊于其文本世界中的幽灵。在大约写于1950年的一篇名为《中国的小脚》的短文中, 五岁时曾到过中国云南的杜拉斯写道:"中国是永恒的……中国广袤、残酷、善生养,在那里孩子们都非常不幸……爱情被放逐。"这段话表明在杜拉斯的心目中至少是在她幼时的记忆里, 当时的中国停留在象征着扼杀和禁锢自由与生命的中国女人缠得畸形的小脚和路边随处可见的小摊上的旺鸡蛋两种典型的意象上。"中国完全远去了,我的小脚小鸡的世界沉没到无尽的黑暗里,无依无靠,但我又能怎样?"四十余年后的杜拉斯通过回忆重构了五岁时耳闻目睹的中国。

在杜拉斯关于中国情人的不同版本中,情人都有象征着身份与地位的奢华汽车,闪耀着诱人光泽的大钻戒,身着价格不菲的高档柞丝绸服装,曾留学法国,对白人女孩一见钟情。20世纪40代的《战争笔记》中的雷奥在白人女孩眼中是丑陋愚笨的安南人,他的吻让她感到恶心,"有一种灵魂都被强暴了"的感觉。50年代的《抵挡太平洋的堤坝》和70年代的《伊甸影院》中的诺先生送的小礼物和留声机讨得了苏珊的欢心,而他的吻让她"仿佛挨了一记耳光似的"。1984年的《情人》中,情人告诉"我":"他是中国人,他家远在中国北方抚顺"。《情人》里的故事已成为"一种糟透了的爱情"故事,而不是之前的那种可以说是纯然的金钱故事,这里的吻已有了让人沉醉的爱情之吻的意味。1991年《情人》的电影版《中国北方的情人》里,在湄公河的渡船上欣赏远处风景的情人比《情人》中柔弱羞怯的他更强壮了点儿,更大胆了一些。学业有成的他富有爱国情怀:"我爱堤岸。我爱中国。堤岸也是中国。"在此,白人女孩和中国情人双双坠入情网,"故事已经发生了,已经不可避免。一个爱情故事,一场令人目眩的爱情。始终没有结束。永远没被忘记"。电影里的情人用幽默文雅的言谈征服了白人女孩的母亲和大哥。过去几十年中,情人形象与地位的嬗变在无形中表明:随着不断强大的中国在世界舞台上扮演越来越重要的角色,杜拉斯笔下中国情人的形象也在相应地改变、成长,直到最后获得了发自内心的自信并赢得了来之不易的爱情。

对于杜拉斯来说,只有通过写作将早年的种种经历诉诸文本,早年经历的苦难才能不再是一种耻辱,才能让她可以重拾心理上那种长久以来失去的平衡,平静地去面对去接受曾经让她难以释怀的过往。通过这种书写,"我发现书就是我。书唯一的主题,就是写作。写作,就是我。因此我,就是书"。她曾说过读者读的是书,而不是作者。

杜拉斯曾说:"观看这个世界,就是我在世上的职责所在。"一直努力将生命融入创作的杜拉斯总是试图从女性的视角来看待世界，思考人生问题，解决人类生存的困境。她的书和电影中关于爱情、性、背叛、欺骗、贫穷、疯狂、死亡的元素比比皆是。受 20 世纪 60 年代女权主义思想的影响，一向特立独行的杜拉斯的作品中有强烈的女权主义倾向，她也因此成为最早在创作中应和世界女权主义运动的作家。此间，杜拉斯寻找到了独属于女性的自我意识，满怀激情地将女性的生活经历、女性的身体置于退隐为背景的男权社会的中心。她笔下的众多女性也从男权社会中处于从属地位的"他者""被看者"转变为扮演主动角色的"自我""注视者"。这种男女两性角色的倒置凸显了杜拉斯女权主义的思想意识。《情人》中十五岁的白人女孩虽然最初也是被看，但在这种被注视中她的自我意识觉醒了，"我知道那不是什么美不美的问题，是另一回事，是的，比如说，是性的问题"。而且她也意识到女性的美不在衣服、不在装扮、不在昂贵的首饰和奢华的化妆品，而在于一种说不清道不明的欲念。欲念潜伏于引发它的人身上，而不在他处。只要那么一眼，就会出现，要么就根本不存在。欲念就像一见钟情一样，要么一见倾心地彻底沦陷，要么成为陌路人从此海角天涯。在这里，成年男性的注视成为白人女孩自我意识觉醒的触媒。在后来两者的关系中，白人女孩一直占有压倒性的优势，情人则始终处于卑微、怯懦的从属地位。男性成为女性眼中的男人，他的"肌肤有一种五色缤纷的温馨。那身体是瘦瘦的，绵软无力，没有肌肉，或许他有病初愈，正在调养中，他没有唇髭，缺乏阳刚之气"。这种用女性眼光审视男性的书写具有不可低估的深远影响。无独有偶，在杜拉斯后期拍摄的电影中，女性琐碎的日常生活被置于聚光灯下。女性单调乏味的洗碗也被镜头用四分钟去表现、去呈现。不仅如此，现实生活中的杜拉斯也无畏地为女性发声，如克里斯蒂娜·维尔曼事件。杜拉斯曾说写作就是写自己的命运。就这样，杜拉斯将长久以来男权社会为束缚女性而精心编织的密网撕裂，让女权主义的阳光丝丝缕缕地照进了女性挣扎于其中的男性主导的世界——至少女权主义的阳光已透射进来了。

在半个世纪之久的创作活动中，大胆创新、永不满足的杜拉斯曾经写过小说、剧本、电影脚本,拍过电影,尝试了现实主义、心理小说、"新小说"等多种多样的写作手法。她的一生都在追求独特的人生体验,独特的艺术表达。不论是籍籍无名的她还是声名鹊起的她都把她创作的每一部作品视为零的开始,而不是圆满的终结。终其一生她都在突破过去的自我,塑造着新的不断前进的自我,不断地塑造着那个前无古人后无来者的独特的杜拉斯。

目录

一、我的早年生活

1.在越南的日子

我出生于越南西贡的嘉定,早年因为父亲工作的原因多次辗转于河内、永隆、沙沥等城市。小时候的我和两位哥哥游历于丛林、茉莉花、兰花和数不胜数的藤蔓植物之间,从来不怕蛇虫,不惧老虎,更无畏其他种种潜在的威胁。虽然后来历经世事的我认为越南等地混杂着悲苦、疯狂、绝望和死亡的多重气息,但这段经历还是成为我童年时期弥足珍贵的美好记忆。然而对搬家习以为常的我从小就渴望着有一个地方能够结束这种吉卜赛式的流浪生活,但我一直没有找到这样的地方。

混合着香气与毒气的西贡,罗望子树列于两旁的小路,热得有气无力的白种女人,给白种男人做妓女、被白种女人蔑视的越南女人……这就是越南,萦绕于我脑海的越南,我心目中的祖国,我的故乡,我生命的底色。虽然许多人都惊奇于这一点,包括我的家人。我相信我这辈子都会这么认为。司汤达说过:童年是永无止境的。这句话说到了我的心坎上。童年在越南的种种经历一直缠绕着我,伴我走入生命的纵深处。

曾经有一段时间,我们居住在嘉定学校的一座 20 世纪初期建造的典型的公务员住房里。父母各自上班,我们是由仆人养大的。那个时期仅存的几张照片里,我们都穿着领圣体的服装,精神抖擞,乖巧优雅;而父母的样子有些疲惫,老态已现。虽然我们过着白人小资产阶级的生活,我的童年却是充满悲伤的。我记得曾在小学练习簿的一页上写道:我的童年是现实的、仓促的,没有五彩斑斓的梦想,没有值得回味的记忆。毫无知觉、匆匆过去的童年成为我不可弥补的缺憾。

不久,父亲升迁为负责河内小学教育的领导,我们一家搬到了当时以热带巴黎式天堂闻名的城市河内。在这里,随处可见的巴黎式发廊、奢侈豪华的香水店、风味各异的咖啡店、法国风格的散步场、巍然屹立的行政办公大楼……这样一个地方留给我的记忆竟然满是忧郁和悲戚,这或许是母亲心境晴雨表的反映吧。在这里,父亲成了一名优秀的殖民地公务员,工作如鱼得水,声名渐起。而没有觅到工作的母亲不满在家照顾孩子的枯燥生活,变得日益苛刻、极端、易怒,在狭小的白人圈子里颇受白眼与排斥。直到没有找到公职、不肯赋闲在家的母亲贷款买下一座房子创建了一所私立学校,这样的生活才有所改变。

后来,父亲调任至金边。我们全家再次搬迁。这次,我们住进了一所地处市中心的巴洛克风格的公务员宅邸。而且母亲也很快谋得一份公职——诺罗敦学校校长。但不幸的是,来这里不足两个月,父亲就得了重病,不得不回国接受治疗,不到一年就病逝了。在消息传来之后的那段时间,在这座豪华的宅子里,母亲、大哥哥、小哥哥和我四个人躺在一张床上,互相寻求慰藉,却久久难以入睡,黑暗中瞪大眼睛,想着我们飘忽不定、难以把握的未来。母亲说她很害怕黑夜,尤其在这座房子里,就是在这里她得知了父亲的死讯。其实,电报没到母亲已经预感到了这一噩耗,因为她看见、听见一只鸟在夜半时分发疯似的叫着,后来消失在父亲的办公室所在的方位,只有她一个人看到了这个噩兆。母亲说出的这些话不但没有削减她自身的恐惧,反而徒增了大哥哥、小哥哥和我内心的恐惧。父亲的去世是早在母亲的预料之中的。父亲的身体这些年一直状况不断,即便如此,母亲还是固执地拒绝和父亲一起回法国医治,她要留在这儿,等他回来,哪儿也不去。父亲去世的消息传来后,虽然殖民行政署给了她假期,母亲也没立刻带着三个孩子乘坐第一班船回国奔丧。

　　处理完父亲的身后事,母亲想要留在法国生活,却被要求继续去殖民地工作,而且是去金边工作。母亲不愿去这座获悉丈夫去世的充满伤感与不幸的城市,就给殖民总督写了封信,言辞恳切地要求到诺罗敦工作。总督收到信后让殖民行政当局进行调查。而母亲的同事反映说母亲的名声不好,是造成他们不和谐的因素。于是母亲的请求被搁浅,还申辩无门,最后只好去了金边。母亲带着我们在旅馆里过了一段经济上和精神上都很难挨的日子。除了父亲去世带来的悲伤和痛苦,生活中的其他麻烦亦纷至沓来,母亲应接不暇地抵御着、抗争着,却总归于徒劳。所以我对金边这座城市的记忆只有恐惧、等待和绝望。我记得那段时间里,母亲常说,一见到为国家做事的人,无论是财政官员、海关官员,还是其他以法律的名义做事的公务员,她就心生恐惧,因为在他们面前,她总觉得是错的。这是典型的穷人无所适从的想法。母亲并没有因为所谓"名声不好"而受到什么惩罚,也没人当面谴责她,但背后关于她的谣言四起,她陷入被排斥、被孤立的状态。她把这种情况反映到了总督那里,总督下令调她到永隆做女子学校负责管理的校长。从此,在异国他乡,母亲独自抚养我们三个孩子:十一岁和十岁的两位哥哥,七岁的我。她说过我们是她生活里的盐,是能使这片土地从今以后具有无限生命力的盐。

　　我真正的童年是十岁那年在永隆开始的。我对永隆一见钟情,就像是命中注定我要和它相遇一样。永隆对我来说意味着生命的全部。哪怕到了七十二岁时,它仍然和昨天一般清晰地定格在我的记忆中:通往邮局的小路,睡午觉的时候,在白人区,路上几乎没有什么行人,路的两旁种满了金凤花,河流也在沉睡。在这儿,晚上我们总是乘着四轮马车到一个小棚屋附近,然后坐船渡到湄公河对岸,接着在夜色笼罩时返回。我们一家人遵循着当地白人的生活节奏,好像融入了这里的白人圈子,事实上别人总是对母亲敬而远之。作为负责管理的一校之长的她,大儿子已辍学,整天游手好闲,无所事事;小儿子时常翘课,无心学业;三个孩子总是光着脚,满口的越南话,整天和佣人厮混在一起。这位性格孤傲、声音尖利、喜欢对别人品头论足的寡妇一家子招致了越来越多的指指戳戳。

在我们心中,母亲像是一位被流放者:一个孤苦的寡妇,带着三个不谙世事的孩子,因为特立独行受到众人的孤立与排斥。在这样的氛围里,母亲的情绪变化无常,经常处于失控状态,而我则是一只清白无辜的替罪羊。楼梯下成为我躲避母亲情绪的狂风暴雨的容身之地,我躲在那里,在恐惧、憎恶、颤抖中等待着一切归于风平浪静。我常想,我爱我的家庭,它是我在这个变动不居、难以把握的世界上最后的、唯一的避难之地,但在这里我却没有感到爱与宽容,没有得到公平与慰藉,甚至有时我觉得自己在家里没有立锥之地,无法呼吸、存活下去。后来在作品中我多次提到童年的这段经历,讲到母亲和一家人之间的爱与恨,甚至恨的成分更多一些。"在这讲述共同的关于毁灭和死亡的故事里,不论是在什么情况下,不论是在爱或是恨的情况下,都是一样的。总之,就是关于这一家人的故事,其中也有恨。这很可怕,对这恨,我不懂,至今我也不能理解,这恨就隐藏在我的血肉深处,就像刚刚出世只有一天的婴儿那样盲目"。

——《情人》《物质生活》

2.我的母亲

　　我的母亲玛丽·阿德丽娜·约瑟夫·勒格朗是来自法国北部的加来海峡省的一个农村姑娘。母亲家里一贫如洗,贫困的童年和强烈地躲避农妇宿命的执念使她远离了家乡,而且一旦离开,就绝不愿再回头,也不愿再回忆。曾经的苦难岁月让她希望用教育来改变命运,把它作为武器与苦难的命运做斗争。在此影响下,母亲接受教育成为一名小学教师。当时,法国国内有关殖民地美好生活的宣传铺天盖地。好几个星期天,她都被殖民地生活宣传广告迷住了,之后就幻想着跟军队去殖民地攫取唾手可得的财富。在诱人的发财梦的驱动下,年轻的母亲毅然决然地去了遥远的越南。在那里,她摆脱了成为一名农妇的宿命,却没料到新的不可知、无法掌握的命运在这个她充满希望的"乐土"正等待着她。

　　在法属殖民地,白人自认为是征服者,是经过经济和身体方面双重冒险洗礼的精神贵族。殖民地白人的这种自恃清高和自己的生活过往铸就了母亲的孤傲和优越感,在越南期间她自始至终拒绝说越南话。不但如此,她还很怕我们入乡随俗地学会当地人的习性,于是她不厌其烦地试图把这种观念灌输给我们,让我们时时刻刻明白我们是法国人,我们应该像白人那样吃面包、蜂蜜,而不是像越南人那样吃米饭和鱼。可是我们不听她的,依然喜欢吃米饭和鱼。母亲讲故事绘声绘色,引人入胜。我一生中经历的很多事、读过的许多书、说过的许多话都淡忘了,但母亲给我讲过的故事我都还记忆犹新,更让我难以忘怀的是母亲给我讲故事时我感到的那份母女之间亲密的感觉。此时的母亲是亲切的、随和的、令我难忘的,这是我记忆中弥足珍贵的关于母亲的温馨片段。还记得小时候,母亲每隔一段时间就非得让我们照相,不情愿的我们照出来的照片都是表情僵硬,一股和谁斗气的样子,后来才知道母亲是把这些照片作为我们活着的证据寄给在遥远的法国的亲人。

父亲去世后,原本捉襟见肘的生活更加步履维艰。母亲一直想要改善生活状况,对金钱渴望而不可得的魔咒像噩梦一样纠缠着母亲,这使她在金钱上斤斤计较,在利益方面寸步不让。母亲想要向我们——她的孩子保证,在我们生命中的任何时刻,不管发生什么,哪怕是最严峻的事件,比如说战争,我们也不会遭到冷落。只要我们还有房子,只要我们的母亲还在,我们就永远不会被抛弃,不会身处动荡之中,不会一无所有。

生活的重担压得母亲喘不过气来,她变得现实、专制,更变得严厉、苛责。在我眼中,她失去了女性应有的温柔和宽容。不仅如此,母亲总想着发大财。于是,领到等了六年的寡妇抚恤金后,母亲毫不犹豫地把河内的那栋房子卖了,又拿出二十年来积攒下来的一些钱雄心勃勃地要买一块特许经营土地,实现她"太平洋稻米女王""亿万巨富"的美梦。其实,根据殖民当局刚刚颁布的一道法令,我们不久就能免费获得三百公顷的土地。但母亲认为三百公顷的土地太小了,距离她的理想太远了。她梦想着翻倍的太平洋边上的土地。为此,她宁愿面对申请土地过程中行政当局的繁文缛节,面对漫长的等待。等了两年的母亲等来的是一块几近被太平洋淹没的种不出庄稼的水田。这就是母亲放弃了免费的三百公顷的土地、用尽二十几年的所有积蓄买来的特许经营土地！她，一个没有保护人的带着三个年幼孩子的寡妇，孤傲得不知也不愿贿赂那些丈量土地的殖民当局的人，得到了这样一块每年有半年时间浸泡在海水中的所谓的特许经营的土地。但母亲还是不甘心发大财的美梦就这样破灭，还要做最后的无望的挣扎。她雇用了五十个沙沥本地的农民想用泥沙和粗木构筑堤坝挡住太平洋的水。但她努力了二十年还是一无所获。为什么有些人能用这些特许经营的土地赚得盆满钵满，而到她这儿就成了不可收拾的烂摊子呢？当堤坝被汹涌而来的海水彻底冲垮，庄稼被淹没的时候，母亲被彻底击垮了，先是不停地哭泣，接着变得萎靡不振，陷入可怕的沉默，后来进入嗜睡的昏迷。我和小哥哥觉得被世界抛弃了，孤立无援。仆人们也觉得失去了保障，多次险些悄然离开。母亲就这样不堪生活的重荷变成了我见过的最古怪、最难以相处的人。曾经的她精力充沛，总是努力使我们远离低贱拮据的生活，但这种生活却总是与我们如影随形。

母亲斗争了一辈子也没有改变我们贫困的生活状况。她逐渐变得疯狂，变得悲观。幼年时，我的梦中从来没有美丽的圣诞树，有的只是母亲经历的苦难。她是一个被贫穷摧残的母亲，是一个一生都面对生活的荒漠悲叹却得不到同情的女人。虽然她一直为了生存苦苦奔波，却一直挣扎在贫困线上，她对生活燃起了多少次希望，也就失望了多少次。后来，她终于濒于绝望的边缘，整日诉说着自己的人生遭遇，她的节俭，她的希望，她的绝望。我很幸运，有一个如此绝望的母亲，绝望得如此纯粹，即便是生活的幸福感，且不管这幸福感有多么强烈，也无法完全驱走这份绝望。我一直无法弄明白的是，她用怎样一种具体的方式使得我们每天都远离命运。

我曾对母亲说我要当作家，母亲从来不相信我会成为作家，也从内心里不想让我成为作家。她花了好长时间才明白我说的是真的。当我的书出版后，她仍然不愿意相信这是真的。她讨厌这些书，这些关于我家庭经历的书，她对我说我在书中撒了谎。母亲憎恨我把家里的事情挖掘出来,进行加工、整理、编排,最后以文字作品的形式固定下来,并公之于众。她认为这些经历是私人的、秘密的,过去的就应该让它过去,让它成为尘封的历史,永不要开启。而且母亲认为她的女儿是个作家,是不体面的,她希望我成为一名会计或是教师,哪怕是一个农妇也比当作家要好。虽然我写的《抵挡太平洋的堤坝》是为母亲遭遇的不公正待遇表示同情、鸣不平的,这也没有赢得母亲的赞同,更没有让她感动。然而,固执的她从来没有接受写作是我的第二生命的事实,一直与我顽固地进行着斗争。

　　　　　　——《情人》《抵挡太平洋的堤坝》《玛格丽特·杜拉斯的领地》

3.我的父亲

　　我的父亲亨利·道纳迪厄毕业于阿让的师范学校,曾先后在国内的马斯·达让奈、马尔芒德和梅赞任教。父亲的家乡是一个贸易兴盛、思想开放的地方,年轻人去外面闯荡是他们那儿的传统,加之受到当时国内铺天盖地的有关法国海外殖民地美好生活的宣传的影响,父亲就来到了越南。父亲属于殖民地公务员阶层,作为教师的他应该不是冲着发大财来的。满脑子清高理论的他很可能是为了体验一下殖民地的冒险刺激和异国情调才来的。当时法国政府向人民宣传:每一位法国人都是智力、精力和知识方面的精英,是充分发展的先进的人,有责任、有义务改造好落后殖民地的人;学校是征服殖民地人民的最佳途径,是传播法国文明最有效的方式,而殖民地的校长代表着神圣的法国,应成为法国文明伦理和高尚灵魂的守卫者和宣扬者。受政府这些夸大其词的宣传蛊惑的父亲心甘情愿地充当了伟大的法国精神上长远地征服殖民地的使者。

　　1905 年,父亲和第一任妻子阿丽丝抵达越南南部。父亲不远万里来到陌生的国度生活在某种程度上意味着升迁:从一位法国国内的普普通通的小学老师摇身一变成为管理四名法国和五个当地教员的越南嘉定师范学校的校长,成为殖民地的公务员,很有声望,颇受人尊敬。父亲在前妻去世后五个月和母亲结了婚。从他俩刚结婚时依偎在一起的照片可以看出，两人曾像情人一样地相亲相爱。母亲的目光中流露着恋爱中的女人才有的温柔和对美好生活的憧憬。当时父亲和母亲的结合还受到一封署名是杜拉斯镇的一个女人的信的攻击。信中指责父亲置自己病重的妻子于情妇之手使其死得不明不白，而且前妻死后五个月即娶了这位当时已怀有身孕的情妇为妻，这样的一个对情妇俯首帖耳的男人怎能担当西贡高级学校的校长呢？这是怎样的女人写的一封信呢？一个宣泄私愤的女人？还是一位居心叵测的女人？殖民地的部长把这封信后来转交给了人事处以供未来任命父亲时参考。但事实是父亲和母亲的第一个孩子是在他们结婚一年多后才出生的。这无形中破除了这封信的真实性和可信度。但父亲和母亲的生活可能也不是平静而和美的吧。大哥哥出生后不久，他们遇到了问题。父亲的身体变得十分虚弱，时常原因不明的头痛、胃疼，体重也急剧下降。后来，一家人回了法国。疲惫不堪的父亲想要留在法国，在家乡洛特·加龙省休养。但倔强的母亲独自一人带着幼小的孩子返回了越南，父亲没办法只好随后也返回了西贡。后来父亲再次回法国治病后要回越南时，战争爆发了，他被迫入了伍。战争使他和妻子、儿女长时间分离，所以父亲痛恨战争，而母亲则喜欢男人的战争。我们小时候母亲时常会跟我们玩战争的游戏。她会拿着一根棍子扛在肩上当枪，在我们面前边走边唱着《桑布勒和墨斯》。这或许是父亲和母亲在生活中意见或看法产生分歧的些许事件吧！

父亲在数学方面是天才，曾写过数学方面的书，不过被我遗失了。"父亲去世的时候我还很小。我没有表现出一点难过的样子。没有悲伤，没有眼泪，没有问题……他是在旅途中去世的。几年以后，我的小狗丢了。我的悲伤却是无与伦比的。那是我第一次如此痛苦"。

据说，父亲在弥留之际提出和前妻葬在一起，这在某种程度上反映了他对两任妻子看法，是最后在两者之间的选择和认可。这对母亲来说无疑是沉重的打击，后来她一直认为她是被父亲抛弃了，连同他们的三个年纪尚幼的孩子一同被抛弃了。从此，母亲几乎没有跟我们说起过父亲。我只能通过我仅有的一张老照片依稀辨认他的模样，照片上的父亲很帅气,似乎有些忧郁,眼神有些飘忽不定。这张父亲唯一的照片我一直珍藏着。很多关于他的事情我都是从他人那里听来的。即便如此,我对他仍然知之甚少,更谈不上了解,可我不得不承认我对父亲的爱,那份早年没有意识到、没有理解、被搁置了数年的对父亲的感情。其实,在我内心深处,我认为父亲具有更多优点:英俊、迷人、谦和、正直,而且也没有母亲的那种令人可怖的神经质、歇斯底里。后来,我做的很多事都是为了他,在巴黎时专修数学是为了他,事实证明,我像父亲一样有数学天赋,成绩好得连许多男同学都围着我问问题;我写作也是为了他。我从父亲那里继承了很多东西:幽默,易于受到诱惑,对许多事情心不在焉和被人爱的难以满足的欲求。缺乏父爱的我其实一直在有意识或无意识地寻找一些与父亲相仿的男人来弥补这份永远失去的父爱,但我一直没有真正地找到。

——《情人》《平静的生活》

4.我的哥哥

我有两个哥哥——大哥哥皮埃尔和小哥哥保罗。大哥哥一直是我童年和少年时代痛苦的根源。他是母亲最宠爱的孩子,似乎是母亲唯一的、真正的亲生儿子。母亲在他身上倾注了几乎全部的时间和精力,从而忽视了我和小哥哥。在我出生前,大哥哥把比他小一岁的小哥哥当作玩具玩了个够。而我出生后,他很快意识到我是家里的多余人,是他另一个新鲜出炉的玩具,不但在我身上继续他的天才的恶作剧,还整天无事生非地对我吹毛求疵,而我只能躲在阴暗的楼梯下或家具的后面逃避他无处不在的魔爪。大哥哥是个十足的流氓,无所事事,蛮横无理,不但肆无忌惮地花妈妈的钱,还曾偷妈妈的钱。大哥哥的粗暴随着年龄的增长越来越离谱。但母亲从来不指责他,甚至有时对此有点儿变态地自豪。母亲在观察他。我知道大哥哥的许多所作所为,他整晚整晚地不回家,就是逗留在沙沥的大烟馆中。一个皮阿斯特可以买两筒大烟,能享受三个小时。他不常回家,回家就是要钱。为了上烟馆,他连仆人的钱都偷。他偷我母亲的钱,翻箱倒柜。他抢、骗。有一次,大哥哥抢了小哥哥的菜盘子里的肉,他把肉吃了——看上去像条狗,还大吼大叫:一条狗,是的,正是这样。这次母亲的忍耐终于达到了极限,下决心要把他送回法国。无可奈何的母亲把大哥哥送上了经由马赛抵达父亲家乡帕尔达洋的船,在那里杜弗神父成了他的导师和监护人。母亲笃信宗教,一直和杜弗神父保持联系,想来他对不服管教、劣迹斑斑的大哥也早有耳闻了吧!这也使母亲可以放心地把大哥哥交给他教导、训诫。后来,大哥哥在国内做了一名电工,但他仍然不务正业,依然缺钱,多次找在巴黎的我要钱,甚至还偷过我的钱。

小哥哥保罗瘦削、敏捷、安静,有些羞怯。他是我生命中的守护神,是我生活中男子汉的具体体现,我很喜欢他,以至于我像越南人称呼年轻情人一样称他为"亲爱的小哥哥"。在母亲费尽财力购买的太平洋边上的波雷诺普的特许经营地上,我发现了一片美丽的稻田,看到了玫瑰色的沙流,感受到了大自然的魅力,体味到了在神秘的森林里狩猎的自由与刺激。从西贡到波雷诺普有两天的车程,母亲总是在夜里出发。这给小哥哥提供了路上分辨各种野兽的良机,他总是不失时机地打开猎枪的枪套。一到目的地,我和小哥哥便自由了。我们在那儿疯玩了几个夏天:张网捕鸟,攀爬岩石,学习游泳,猎杀猴子、鸟类、鳄鱼、豹子和蛇等各类动物。我们还和当地的越南小孩子玩,说越南语。母亲也无暇顾及我们两个。况且此时的母亲还没有意识到她辛辛苦苦拿到的这块地对她来说是场噩梦。她不知道,什么都不知道。她是在夜半时分走出伊甸园的,她对一切都是一无所知。她不了解这个殖民帝国,不知道在这个世界上到处都是不公正。当母亲经过多年抗争意识到自己多年的积蓄打了水漂,自己寄予厚望改变贫穷命运的梦想成为泡影的时候,母亲的身体和精神都垮了,后来还陷入嗜睡性的昏迷。我和小哥哥产生了危机感和孤独感。当母亲经常性地昏迷时,仆人也恐慌起来,他们害怕拿不到工钱。很多次,他们险些走掉。这时,目睹这一切的小哥哥挺身而出,承诺说如果母亲不在了,他会代母亲不惜一切代价付清他们的工钱。就这样,小哥哥仿佛一夜之间长大了,关键时刻肩负起经营这块特许经营地的重担,为年幼的我和尚在病中的母亲遮风挡雨。十三岁的小哥哥已经成为我前所未见的最勇敢的人。他一面让我放心,一面说服我,他不会在仆人面前哭的,他说哭也没有用,他说我们的母亲会活下来的。的确,当太阳消失在象山的山谷里时,母亲醒过来了。但我们和母亲之间的关系并没有改善,我们似乎生活在不同的孤独的世界里。我和小哥哥经常在一起,相处融洽,感情亲密,但我们和母亲之间的感情却交织着爱与恨、叛逆与同情。我和小哥哥像盟友一样并肩负隅顽抗这个不公正的世界和生活中的苦难。小哥哥酷爱捕猎,也精通此道。打猎时,他道纳迪厄家族擅长机械的天分就显露出来了,他颇为此得意,还时常在我面前炫耀他的狩猎技巧和战果。有时,作为枯燥生活的调剂,小哥哥也会听一台老掉牙的唱片机中的故事,憧憬着未来烈焰红唇的情人。小哥哥痴迷于两样事物:汽车和卡宾枪。可能是爱屋及乌吧,我也喜欢汽车,一生都喜欢各种各样的汽车。喜欢摆弄汽车的小哥哥曾经在一家车行做技师。后来,母亲几乎倾尽所有给他买了一台霍奇斯基。

——《来自中国北方的情人》《伊甸影院》

5.我的学生时代

我是母亲唯一的女儿,按理说我们应该是最亲密的人。但事实并非如此,母亲生活的焦点是大哥,而我和小哥哥是存在的隐身人,是母爱的阳光照射不到的阴暗角落里的人,只有在大哥让她生气、发怒的时候,她才会想起我们,作为释放负面情绪的垃圾桶。这样的生活持续了十年之久。那时的我是孤独的、无助的。

后来我们随母亲的工作调动去了永隆。永隆是一条河,土地被河流冲刷成不同的地块,但没有形成海洋三角洲。这里的人谨慎而忧郁地生活着,长年累月地历经着岁月的悄然流逝,日复一日地等待着晚霞将河水染成玫瑰色的绚丽美景。但这种平凡而缓慢的生活,这变幻的美景似乎与我们一家绝缘。在同事间备受孤立的母亲经常责骂、殴打孩子们,渐渐长大的哥哥们像流氓一样四处寻衅滋事,而大哥哥更是经常恶毒地打骂我和小哥哥:我们的生活乱作一团! 我在这种鸡飞狗跳的环境中只能学习,学习,再学习。后来在结业考试中,我考了越南南部地区的第一名。人们惊讶于我这匹学习上的黑马,后来也知道了我是他们口中的"那个小学老师"的女儿。母亲来学校时,我真为她又破又丑的裙子难堪。学校里的人对母亲和我议论纷纷,说我母亲是个寡妇,说我是她的聚宝盆。而我自己心里清楚地明白我是为了母亲而活、而努力的。

母亲试图通过特许经营的土地攫取巨额财富的美梦像五彩的肥皂泡一样幻灭以后,把注意力和希望转移到了对我的教育上。她想办法把十五岁的我送入西贡的夏瑟鲁普-洛巴中学,后来又让我寄宿到了 C 小姐家。我三年级(相当于中国学制的高中一年级)时,成绩差到基本每门功课都是零分。但二年级时,我的成绩大大改观,尤其是作文。全校都把我的作文当作范文在读。许多人都很吃惊,母亲来学校时在我面前哭了,这让我很受用。尽管我的成绩如此优秀,但我还是一直和海关家庭的孩子们坐在最后一排,这就是社会等级,学习成绩再好也逾越不了的社会等级!

这个时期,母亲和小哥哥有时会驾着那辆破旧的雪铁龙到学校来看我。母亲的到来让我感到颜面尽失:枯瘦的她总是身着破旧的衣服,还穿着补过几次的袜子,尖利的嗓音,一副不入流的样子。母亲来探望我时,有时我把她拉到没人的地方,有时有所领悟的她自己躲入课间休息的地方,有时是我故意躲着不见她。就这样,母亲不再来看我。想来母亲是伤心的,繁忙的工作、烦心的生活之余坐着一辆拥挤、吵嚷的破公共汽车来看女儿,结果让女儿感到尴尬。记忆中往返于家与学校之间的轮渡是破旧的,令人胆战心惊的。我怕在可怕的湍流之中看着我生命最后一刻的到来。激流是那样凶猛有力,可以把一切冲走,甚至是岩石、教堂,城市都可以冲走。在河水之下,正有一场风暴在狂吼。风在呼啸。

我对自己的相貌一向不自信:身材矮小,体型瘦弱,脸上还点缀着雀斑。更重要的是我继承了母亲的那种孤傲,脸上的表情僵硬,找不到温柔的痕迹,一副拒人于千里之外的模样,连母亲都不喜欢我这个样子。她有时对我说我会变漂亮的。但我认为这句话的潜台词是我不漂亮,她只是希望将来我能变漂亮些,而且她知道我不讨人喜欢的个性是改变不了的。大哥哥经常会用恶毒的言语骂我,骂我是废物,是丑八怪,根本嫁不出去。我也意识到这么贫穷的家庭是不会给我嫁妆的。没有嫁妆的丑女是嫁不出去的。对于十五岁的我来说,做一辈子老处女的想法折磨着我,却无人诉说。在夏瑟鲁普-罗巴中学,曾经有一个二十多岁的男生喜欢我,热烈地追求了我几个月。他那口烂牙倒足了我的胃口,我觉得他就是垃圾。他也和我一样没钱、没地位,也和我一样卑贱地活着,被周围的人像隐形人一样地忽视。我不能忍受这样的人靠近我,触摸我。他是我不幸的影子,我要竭力避开他。其实,后来当我遇到几乎和他一样丑陋的麻脸的雷奥后,我明白了我不能接受他的深层原因是他不像雷奥那样有钱,驾驶着一辆从巴黎专门定制的价值九千皮阿斯特的雷翁·阿美达·波雷汽车,穿着纱丽柞丝绸外套,手上戴着一颗又大又闪亮的钻石。我喜欢两样东西:汽车和钻石,一直都喜欢。在我心中,两者都颇具王者风范,都无言地宣示着一个人的金钱、地位和权威。更重要的是,这对于我来说是没有选择的选择。我没有选择的自主权。我没有魅力,没有嫁妆,没有存在感,有的是成为老姑娘的焦虑与恐惧,有的只是一个经济陷于窘境、精神濒于崩溃的家庭。而这样一个开着黑色利穆新汽车的有钱男人像上天派来救我于一切困窘的机械神一样,我怎能拒绝呢? 和他接触的时候,我小心翼翼又颇有技巧地询问他的家庭情况,当然重要的是家庭财产情况。当我彻底问清他的财产底细之后,我才带他见了家人。

——《情人》

6.渴望一个自己的房间

早年时期的我经常随着父亲工作场所的变迁改变着住所,住在不属于我们的公务员的房子里。没有固定的学校,没有熟稔的伙伴,也没有持久的友谊。到母亲在西贡买了属于自己房子的时候,我因为上学的缘故又寄宿在 C 小姐家里。所以我从来没有真正融入过某个地方,生活一直变动的我总是在等待,在寻找另一个地方,一个理想的能够寄寓我身体和灵魂的地方。

父亲去世后,迫于经济的压力和生活、工作中琐碎事情的烦扰,母亲情绪失控大声吵闹时;大哥哥在家里寻衅滋事时……无处遁形的我渴望有一间属于自己的小屋,让我可以与这一切我不想看到的场景、我不想听到的声音隔离开来。而遇到 C 小姐后,她在她房间里让我欣赏她衰老的身体,我虽然感到憎恶与恶心,但也更渴望有一片属于自己的空间。在夏瑟鲁普–罗巴中学上学期间,回到 C 小姐家寄宿的地方,我把自己关在房间里,欣赏自己的身体。我耽于这种自恋式的欣赏,在镜子前面消磨了很多时光。《情人》里的那个小单间成了我的私人领地,在那里我终于可以听从自己内心的需要,终于可以得到休息,安安静静的,懂得与外界隔离的滋味,在外和内之间建立一道界限。

从我自身的经历来说,我一直觉得有了自己的房子才有属于自己的空间,才能找到给予安全感和归属感的避难所。有了属于自己的空间后,我们的经历,不论是物质上的还是精神上的就有了储存的场所,通过这些留下我们记忆的场所、空间我们可以唤回记忆,让我们曾经经历的人和事件复活,我们借此审视自己的灵魂。我一直渴望着这样一间自己的房子。

直到卖了《抵挡太平洋的堤坝》的电影版权之后,我用所得的版税买下了诺弗勒城堡。我决定买下它时就已意识到它对我的重大意义。它满足了我对童年时属于自己的一间房子的渴望,补偿了我童年时期遭受的一切苦难,也成为我安宁的写作之所,使我终于有一个地方可以从世俗之事中退隐出来写作。后来,我进一步意识到购买诺弗勒城堡不仅对于我而且对于我的孩子而言都是最具决定性意义的事件。

——《情人》

7.童年的创伤

在河内的那段时期,父亲的工作一帆风顺、人缘也好,母亲则一直没有找到公职,不习惯待在家里的她贷款买下了一处房子,办了一所私人学校。就是在这里,我有了第一次的性经历。当时我四岁,那个男孩十一岁半。我把这件事告诉了母亲,母亲没有安慰我,也没有指责我,好像它不曾发生过一样。她唯一做的就是悄无声息地把那个越南小男孩赶走了,以什么样的理由我不得而知。她告诉我不要再去想这件事,怎么可能呢?她的处理方式只是没有让我意识到这件事的严重性,让我觉得为小男孩的离开感到愧疚。我再也没有和母亲提及此事,她可能认为我早已忘记。可是岁月的流逝并没有冲淡这份清晰的记忆,它伴随着我的成长,成为挥之不去的创伤性记忆。这份过早的性经历不仅造成了我和母亲之间的隔阂,而且促成了我关于男女关系的思考。后来我多次在书中涉及此话题。比如女性享受男性的注视,而男性则耽于扮演注视的、侵略性的角色;两性关系中的主体是实际上是分离的,但爱能使人忘却分离性的孤独,虽然只是暂时的或阶段性的。

五岁时,父母带我去看过活埋一个犯通奸罪的女人。在此过程中,女人的丈夫是唯一的执法官,是最高权威。记忆中,这个女人和她的情人一起被活埋了。这一场景让当时的我瞪大了眼睛,紧张得几乎不能呼吸。但这一切真实地在我眼前发生了。而且更可怕的是在这次旅行中我还在一所房子前目睹了挂在垃圾箱上的一位男性的尸体。他几乎被对折,臀部向下。他的脚暴露在垃圾箱的外面,脑袋露着,嘴巴张着,满是尘土的身上爬满了虱子。这是一个我们的同类么?或者说这曾经是我们的同类么?为什么他会沦落至此?是因为他已死亡么?我和哥哥围着他看。母亲什么也没说,只是用手捂住了我的眼睛,但那一幕深深地印在了我的脑海里。

这些时候,母亲总是保持沉默,其实幼小的我内心受到了伤害,心灵受到了侵扰,陷入混乱、迷惘、不知所措的我,希望得到母亲的安慰,期望她能够指引我走出迷津,但母亲这时是沉默的、缺席的。

童年经历的创伤理论上并不一定不能成为文学创作的催化剂,但这种创伤性的记忆会像噩梦一样不断地在白天或黑夜某些猝不及防的时刻造访你,天长日久就会不知不觉中建构出一个令人痛苦却无法摆脱的想象世界。这些梦魇般的体验必须找到适合它们的宣泄渠道,否则被萦绕的人就可能会疯掉。

—— 《情人》

二、我的恋情与婚姻

1.如何看待爱情

我觉得自己堪称爱情专家,我的爱情哲学是,生活也应接受欲望的主宰地位,虽然它有可能把生活搞得一团糟。在这种爱情哲学里,人处在激情之中可以大声地呐喊,没有体验过这种肉体激情的人也难以真正了解其他事情。对于我来说欲望也是一种思想,性智慧是一种更高、更难以捉摸的思想,这或许解释了欲望中的我们的那份孤独感。有时从未谋面的两个人可能要比朝夕相处的两个人爱得更深也更好地享受彼此的那份存在。在这个世界上,没有哪种欲望可以完全被另一种欲望完全取代。我们只能说通过一种欲望的满足,另一种欲望得到了某种实现或满足。

异性恋是危险的。之所以这样说是因为它导致了男女双方难以化解的矛盾与对立,只是在不断的爱情升华中让这种异性之间的爱情显得神圣而已。男人与女人之间最具魔力的地方是虚幻想象。在虚幻想象的隔离之中,女人远离对之有所欲念的男人,而她们却对这种无形中剥夺她们自然欲望的疾病浑然不知,亦或她们从来就对这种自然的欲望一无所知。人们曾认为虚幻想象的缺失理应导致更为强烈的欲望。但人们不知道的是,这种对于除了情有独钟的男人之外的男人的了无性趣导致没有一个男人与之相和。而如果她对一个男人有所欲求则不论他是谁,属于什么社会等级,他就是她认定的情人。这种专注于情有独钟的一个男人的女性特质是难以理性解释的。于是异性恋中,情人之间的欲求可以异常强烈,但如果换一个情侣,男人和女人都可以成为性冷漠者。这种情形罕见,但接近事实的真相。我们渴望与爱人互相拥有。在爱情的私人领域里,这种互相拥有体现了一种爱情中的绝对主体性和主动性。这是因为大多数人爱情的模式还停留在中世纪,绝对而永恒的爱情甚至成为一种信仰。一旦爱了,便需爱一辈子,一生一世。也正因为如此,"三角恋"的爱情历来不为人们接受,甚至被认为是可恨可耻的。

从过去的生活经历中汲取教训,在生活中常有亡羊补牢的感觉。在那些不是很热烈的回忆中才能回溯爱情的痕迹。生活的经历似乎让我得出如下结论:我最爱的男人恰恰是我对之撒谎最多的人。大多数时候爱情的喜剧对大多数的伴侣都是有所教益的。许多配偶在一起往往是维持一种正常生活或是削减生活中的恐惧,或是两个人能够使生活经济上更稳定更安全,或是为了孩子。这样的爱情只有到了生命终结的最后时刻,才会被意识到、被表白出来,因而有人认为这种立场没有公开、没有正式宣告的爱情不在爱情的范畴之内,我认为这种以适用的或方便的理由去爱一个人,也是一种爱情。

身体这个词我已不忍再听了。以前,身体是被遮掩的,是一种禁忌;如今,身体被暴露在大庭广众之下,打碎了曾经的关于它的禁忌。这个词在这种口无遮拦的谈论中已失去了其原有的、应有的意义。如果一个人没有通过身体的渴望打破被绝对禁止的东西,也就是说没有体验过狂热的激情,那这个人的一生就没有意义。应该感受聆听身体的渴望,一直到生命的尽头。当你这样做,也唯有这样做时,才能弄清内心真心迫切的渴望。这时你会听得见使周围一切静寂的来自身体的呐喊,这种持续一生的呐喊使白天、夜晚及所有的活动都哑然失声,黯然失色。如果你理解了这种形式的、身体的激情,您就能够明白为什么在激情中您的身体会打开,其他的一切都归于静寂。只有激情悬而未决地等待着穿透愿意被它穿透的人们,我一直怀疑对上帝的激情和对一个男人的激情有差别。以两者为起点,皆可弄明白怎样等待被其他一切事物如音乐、写作穿透,而我是被写作彻底穿透了。有时,我写作的时候也试图弄明白我这份激情来自于何处,洞口、门抑或是窗。我新近写的东西,我觉得是来自不为我所知的一个角落。激情这种东西是会不请而翩然而至的,因为它是不受任何约束的自由的精灵啊。而人都是不能不受各种形式的束缚和限制的。在许多的桎梏之中,他们甚至都忘记了他们想要的究竟是什么。要是对某人不充满渴望的话,怎么能与之做爱呢?

男人一般从我书里所描写的事物中读出性的意味来,似乎那是我埋藏于书中的宝藏一样。他们从书中挖掘出来这样那样的意象、细节来佐证其了然于胸的有关性的观点与看法,并对于之相左的那种性关系进行冷嘲热讽。比如,有些男人对《情人》中小姑娘和中国情人之间的性就难以理解,他们宁可关注那个怪异的家庭及其成员之间的关系,关注夜幕下的西贡,关注人们无聊的散步、湄公河上往来的轮渡等诸如此类的琐碎而无意义的事情。而对于我来说,所有这些或详细或粗略的描写都是这位白人小姑娘一步步走向她命中注定的黄皮肤情人的背景或铺垫而已。

贝尔纳·皮沃问过我为什么会钟情于那个中国情人。我回答说是钱。其实我还想进一步告诉他那辆具有王者风范的黑色利穆新轿车宽敞得像一个大客厅,坐在里面感觉舒服极了;可供自由调遣的穿着白色制服的司机彬彬有礼;还有情人身上价格不菲的高档丝绸散发出来的令人眩晕的性感气息;情人柔滑而富有生机的皮肤。这些都是我钟情于他的原因。我爱过他,真的爱过他,就像他爱过我并一直爱着我一样。但后来由于各种各样的原因,我离他而去。即使我不离开,我俩之间也注定不能相守到老,因为我们的爱情从一开始就是只能开花而不能也不会结果的。我相信真正的爱情中两个人应相互爱着对方。一个人不能独自去爱一个不爱自己的人,这种没有回应的爱的失望的累加最终会使爱情堕入绝望的深渊。或许这种爱情在很多人的眼里也称不上爱情吧。最理想的爱情应是你爱着我,我也爱着你,你欲求于我,我欲求于你。

但美好的理想与复杂的现实的距离是千差万别、难以赘述的。于是乎,世界有种叫爱情的病,它和伤寒、肺结核、癌症、流感一样是致命的。而且这种爱情病人人都难以逃避,解决之道在于个人尺度的把握。单身生活中那种独处的孤独对我来说有一种飞蛾扑火般的魅惑力。在这种孤独的蛊惑下,我可以纹丝不动地对着树坐好几个小时。我知道这对大家来说不可思议,但我迷恋这样的时刻。但我还是要说人应该试着适应共同的给人安全感的家庭生活,因为家庭是人迄今为止能够找到的最好的生活方式。虽然家庭也导致了我们目前面临的种种始料未及的状况,但我无法不和他人共同生活。我喜欢人们在家里相遇,彼此微笑地走过的生活。生活在同一家庭里的人可能不多说话,但我们知道彼此在那里,这给我们一种温馨的安全感、满足感。这于我已经是一种享受。这是曾经或轰轰烈烈或平淡简单的爱情开花结果后的婚姻生活状态。对于我来说单身生活仍然富有吸引力。

《情人》出第四版时,我在笔记中写道:"我不爱海伦·拉戈奈尔,我仍然只是深深地爱着这个家,对这个家的爱就意味着排除其他一切爱情。正是因为它的贪婪和残忍,我得以靠近日后为我钟爱的地方。"我仍然在这个家庭里,我是住在那里,而不是别人的任何地方。正是因为它的乏味,它那可怕的生硬,它的恶毒,我才会对自己那么有把握,我最能够肯定的,便是以后我会写作。情人没有将母亲和女儿分开,也没有能够让女孩子脱离两个哥哥的生活。但是他成功地给了她第二生命:写作。情人是第一个听小女孩说她要成为作家的人,也是第一个相信的人。

——《物质生活》《话语的痴迷》《黑夜号轮船》

2.婚姻与家庭对我意味着什么

家庭观念在社会里,作为社会基本单位的家庭应该有它应有的样子。我虽然抛弃了家庭,但我依然觉得没有比家庭更让人有安全感的地方了。父亲、母亲、孩子们形成一个密不可分的整体。这个团体是一位有智慧的母亲有意识地在几个孩子中间培养平等和谐关系的学校。生活在这样家庭中的孩子是幸福的,母爱在我看来是个奇迹。母亲会对每个孩子生理上或心理上的需要予以满足。在人口众多的家庭中成长的人会更加的公平、公正与无私。家庭的解放是源于每个个体的解放。处于家庭中心地位的母亲如果由于父亲和外界的原因沦为奴仆地位的话，家庭的解放便无从谈起。所以从这个意义上来说家庭的解放主要来自女人，来自母亲。但事实上，这个世界依然是由男性统治的。他们轻视、侮辱、殴打甚至杀害女人。这些情况在很多地方以不同的方式不同程度地存在着。

我认为夫妻之间的色情关系都被误解了，直到现在依然被误解。丈夫和妻子之间同时也是一种情人关系。在我认识的年轻人当中，有一对夫妇之间是一对情人，但在他们周围的夫妇眼里他们是另类的、怪异的、难以让人容忍的。大多数夫妻之间是出则成双入则成对的，但这是一种兄弟般的协会，既是一种友爱互帮的伙伴关系，又是一种同在一个战壕战斗的战友关系。按说这种关系已是非常亲密了，但作为夫妻，他们应有情人关系的一面，遗憾的是他们却没有丝毫激情的反映，没有那种灼人的、危险的甚或是致命的激情。这或许是一种向白热化状态过渡必需的激情。

——《话多的女人》

3. 中国情人

母亲在我心中的形象既不甚伟大也不甚明晰。再次读她会让我不愿拥抱她，甚至要远离她，以让我平静一会儿。我总是在写她，尤其是她对金钱充满的不可扼制的欲望。在《树上的岁月》(又译作《林中的日子》)里，母亲对于赚钱有一种性欲得到满足的快感。"钱，源源不断地涌来——塞满了橱柜，每天都在利滚利。你听见了吗？从磨坊的水声中——你感到钱在不断累加的时候就不会烦恼了。""看你变成了什么样？""我本来就是这副模样，只不过别人不知道而已，实际上不但别人不知道，而且我自己也不知道我的这副德行，因为我穷，但不得不承认，我们都是相同的，无一例外都是钱的奴隶，只要开始挣钱，我们就都是这副德行。"

遇到他时，母亲靠租让地发财的美梦已告破产，对两位哥哥的教育业已失望透顶，母亲把注意力转到了我的教育上，把我送到西贡的一所私立学校,不过由于家与学校之间的遥远距离把我寄宿在 C 小姐家。我家到学校必经的湄公河是美丽的、雄伟的、波涛汹涌的,但渡船上的我总是心里惊恐不安,唯恐钢缆断裂,跌入湍流之中,像岩石、树木、教堂一样被水卷走。

　　就在这战战兢兢的场景中,我遇见了他。那天,我穿着件破旧得几近透明的连衣裙,这是妈妈穿旧的衣服,不带袖子,领口开得很低。我在腰间束了一根皮带,虽是哥哥的皮带,却合适于我,能够显出我的腰身。那几年,因家里经济窘迫我常光脚穿一双帆布凉鞋,但到了西贡中学后,我一直穿皮鞋。那天,我一定是穿的那双我记忆犹新的有镶金条的漂亮的高跟鞋,这是母亲趁减价处理时给我买的廉价鞋,而且只是为了我上中学才特意买的。我很喜欢这双鞋,也老是穿着它,这是我穿的第一双高跟皮鞋!有了它,我再也看不上之前的那些白帆布跑鞋、运动鞋。我那天很特别,不是因为破旧的、低胸的连衫裙,不是因为束着另类的皮带,也不是因为脚上穿着一双镶有金条带的高跟鞋,而是因为一顶饰有黑色宽带的玫瑰木色的平檐男呢帽。毋庸置疑,这也是减价处理品,但它使十五岁的我形象暧昧独特,模糊了我迥异而叛逆的个性。这种帽子,不要说殖民地的白人少女、女人绝不会戴,连本地女人也不屑于戴。但我喜欢它。戴上它,我那种令人生厌的形体上的瘦弱、纤细遁形了。我与生俱来的原形、缺陷悄然退隐。本来羸弱矮小的我在人海中激不起一丝涟漪,但这顶帽子虽然是一个女人有悖常理的选择,却恰恰凸显了我的个性。突然间,我选择了它,也是在突然间,它像变戏法儿似的将我变形为另一个女人,一个为所有人接受、迎合所有人欲念的女人。从此,与其说我拥有了这顶帽子,不如说它揽住了我,我成了它密不可分的附属品。每次外出,不论什么事件、场合,这顶平檐男呢帽成为我的标配。

　　十五岁半的我已经懂得通过装扮掩饰我的缺陷了。托卡隆香脂打底再敷上乌比冈牌子的香粉掩盖我眼下方双颊上的点点雀斑,还涂了一些樱桃般暗红的口红。这样装扮的我在渡船上胆战心惊地站着,就像胆战心惊地随时准备迎接命中注定的、变幻莫测的未来。就在这时,我感觉到一个风度翩翩的男人在注视着我,观察着我。坐在利穆新汽车里的他,不是白人,衣着却是西贡银行界人士穿的那种欧式的柞绸西装。我知道他在看我,我早已习惯人们在殖民地盯着白种女人,甚至十二岁的白种小女孩。但我自知别人盯着我看,不是因为我美,而是因为我的卓尔不群。我相信我的个性使我迷人,使我富有魅力。我自此认为女人的美不在衣服,不在装扮,也不在昂贵的首饰、奢华的化妆品,而在于这样一种说不清道不明的欲念。欲念潜伏于引发它的人身上,而不在他处。只要那么一眼,就会出现,要么就是根本不存在。欲念就像一见钟情一样,要么一见倾心彻底堕入情网,要么成为陌生人,从此天涯海角。

那个被欲念引发的男人下了车,叼着英国纸烟,向戴着黑饰带男帽、穿着镶金条鞋的我走来。他请我吸烟,但拿烟的手分明在抖动。我知道这是种族差异在他心中作祟。我告诉他,我不吸烟,并谢了他。这与通常的"不要啰唆,走开"相比,显然大大削减了他的畏惧之心。他又问我从哪里来,我说我是沙沥女子小学校长的女儿。他表示对我母亲略有耳闻。他几次三番地说大清早遇见我这样美丽的姑娘真是意想不到。接着他和我谈他家的带有蓝瓷栏杆平台的大房子。他是中国人,但属于少数控制殖民地不动产的中国金融集团的成员之一。正要去西贡的他提出送我,我同意后,他让司机把我的行李搬到汽车上。

坐到汽车上,车门关闭。我知道,从此以后,我再也不用搭乘本地人的汽车外出了;从此以后,我可以到城里最高档最奢华的场所用餐了。他向我诉说他在巴黎的见闻,他的挥金如土,他是巨富父亲的独生儿子。但后来,也是他的父亲禁止他和沙沥的这个白人小娼妇结婚的。从他透露着内心畏怯的滔滔不绝的诉说中,我知道他已经在我的掌控之中了。之后的某一天,他带我去了城南市区的一个单间公寓。在这样一个现代化的公寓里,我们沉浸在肉欲的欢愉之中。他对我说他一生都会记得这个下午,虽然我可能会忘记他的样子、他的名字。

在我们相处的大约一年时间里,我们避而不谈自己,也不谈将来,因为我们心知肚明我们是没有共同的未来的。我深知他没有能力也没有勇气违拗他的父亲爱我、娶我。他也没有克服恐惧为爱斗争的力量,他能做的只是无奈无力地哭泣。我渐渐意识到他的英雄气概就是我,而他的软弱畏葸则是他父亲的钱。

他是在堤岸豪华的中国大饭店里和我家人见面的。席间,我的两位哥哥只顾吃吃喝喝,根本不看他,也不和他说话,好像他这人密度不够看不见似的。母亲起初还对昂贵的菜肴啧啧称赞几句,后来就三缄其口了。前两次和我家人吃饭,他还试着说说他在法国的逸闻趣事,发现没人接他的话茬,几经努力的他也陷入沉默。

虚荣让母亲和两位哥哥欣然接受他的奢华邀约,种族优越感让他们对他像空气一样理所当然地视若不见。他们之所以这样对他是觉得他有求于我。原则上,我就不应该与他交往。我爱他,但我和他交往也是为了他的钱。我是不可能纯纯粹粹真心地彻底地爱他的。他可能会承担我的一切,但这份爱情是没有结果的,只是因为他不是白人。在我家人面前,对于我来说,面前的他已不复存在,羸弱的他完全被抹杀了。对我大哥来说,他是我家的耻辱。所以我们几个人虽然在一起在高档豪华的地方吃喝玩乐,但从肤色、表情、衣着、行为上看都是令人侧目的。

我们经常去他的那所公寓。我们是情人,不能停止相爱的情人。他爱我,赞美我。我是他一生中最宠爱的恋人。和我在一起,他也害怕,害怕我遇到别的男人,更害怕我们的关系暴露——我的未成年身份会让他坐牢的。所以我们的关系向家人是绝对保密的。

有几天,他没有露面,只是派司机来接送我。司机说他回去照顾生病的父亲了。他再来时,我们拥吻而泣。他说他向父亲祈求让我留在他身边,因为我是他漫长人生中唯一的激情所在,他想留住这份珍贵的激情。但他的父亲拒绝了他。后来他又请求父亲给他时间,或许就一年的时间,来处理我和他之间的这段感情。他说,这份爱情那么新那么强烈,强行扼杀它太残忍了。他要在我回法国之前好好地爱我,这样的爱情绝不会再在他的生命中出现。但父亲还是重复那句话:宁可看着他死。我听了这番话之后告诉他:不要悲伤,我们终究是这样的结局,我终究是要走的,而且我的行止我自己都决定不了,我觉得你父亲是对的。

我这样的装束,这样的行踪不定,手上戴着耀眼的订婚钻戒,头上戴着这样的帽子,嘴上涂着诱人的口红,关于我的议论、谣言早已在流传。他们认为我是一个白人坏蛋家庭的小娼妇。终于有一天,学校下达命令禁止女同学和沙沥女校长的女儿说话。课间休息时,我总是独自一个人望着外面的马路。但我仍然乘坐他的利穆新小汽车上下课。

母亲不知道我在学校被孤立,我没让她知道。母亲很是得意地说:当地所有的男人,不论是否已经结婚,都在我身边围着我转,都喜欢这个孩子,不是挺好的嘛! 看到我的钻石戒指时,她柔声说这让她想起和她的第一个丈夫订婚时遇到的那个名叫奥布斯居尔的单身小青年。周围的人都笑了,她还强调说这是真的。

他也明白他父亲禁止他娶我的决定是不可更改的。他也慢慢明白和我分手,让我离开是我们的最终结局。他知道离开我,忘掉我,把我还给白人,还给我的兄弟是必须的。他觉得在这样难以忍受的纬度上出生成长的我们似乎成了同病相怜的亲人。他对这个白种小情人的迷恋日甚一日。他愿意用他的时间、他的生命抵付和我在一起的快乐。夜晚,他睁着眼睛看我,闭着眼睛还在脑海里、在心里看我。他呼吸着我的呼吸,闻着我体内散发的香气。身体的界限慢慢地变得模糊不清,这身体和别人的不同,它没有界限,没有止境,在房间里不断扩大,扩展至眼睛不能看见的地方。他对于我的宠爱,已经超出了我的希求,却又与我身体固有的使命相吻合。小他十二岁的我变成了他的孩子。有时我头痛发作,变得面色惨白,僵死在那里;有时想到母亲遭受的苦难,想到不能把坑害母亲的人杀死,不能让母亲生前过得快乐,我就悲痛得不能自已。这时的他总是抱住我,安慰我。有时他也会情绪失控地说不想要我了,要离开我。就这样,我们会陷入各自的恐惧之中。待到这种恐惧慢慢平复之后,我们又会相拥而泣,回归到我们夹杂着恐惧的幸福之中。

离别的日期一旦确定,他突然对于即将离去的我无所欲求。他说他再也不能得到我了,虽然他自以为还能。但这对于柔情依然如故的他是一种痛苦。但他从来没有说过,也许他喜欢这种痛苦,就像他对我的爱一样,强烈到宁可为之死去,但现在他宁愿要这种得不到的痛苦而不是得到我的快乐。

船起航的时间到了,三声拖得很长的汽笛声尖利得全城皆闻。这种凄厉的汽笛长鸣声让人觉得人生之途的变幻莫测,让离别的人们潸然泪下。我也哭了,但却没有流泪,因为他是中国人,不应该为他流泪。

那辆利穆新汽车孤零零地停在那里,后面坐着沮丧悲伤的他。第一次在渡船上邂逅的情节似乎再现了:我知道他在看我。与之前不一样的是这次我也在看他。后来,他看不到我了,那辆利穆新汽车急驰而去,消失不见。我也看不见他了,他同港口、陆地一起消失了。船上的我突然哭了,因为我知道不管我们过去如何相爱,他已不可避免地湮没于历史之中就像水湮没于沙中一样。

——《情人》《来自中国北方的情人》

4.我与罗伯特·安泰尔姆的婚姻

我和罗伯特·安泰尔姆的相识是由于让·拉格罗莱的介绍。罗伯特和让、乔治·波尚很早就已相识,三人在中学时代就是情投意合的好朋友。之后,我也加入了他们,和他们一起海阔天空地高谈阔论,一起玩赛马,一起开着我那辆当时算得上奢侈品的福特汽车到处疯玩。我们一起度过了一段自由自在、无忧无虑的美好时光。罗伯特是那种所有人不论男女都公认的出色人物,他优雅、深邃、慷慨大方。他的迷人微笑,他的温柔敦厚,使许多人都不知不觉中围绕在他的周围。他的父亲是贝约纳的副省长,他的母亲生于意大利的罗卡塞卡,属于科西嘉萨尔泰纳的显赫家族。他虽然学法律,但他的嗜好是文学、戏剧、历史和考古。和他接触的许多人都把他视为一个智慧而深刻的世俗化的圣人。他是我所接触的、对周围人最有影响力的人,不论是对我来说,还是对周围的其他人来说他都是一个最重要的人。

认识罗伯特时,我和让的感情正处于低谷,我厌倦了让的痛苦折磨。

我尝试帮助他走出精神的萎靡，但我的尝试总是以失败告终。在这些失败带来的挫折与沮丧之中，罗伯特一直陪在让的身边，总是宽容地微笑着倾听让的诉说，而我的感情天平也在此过程中渐渐倾向了罗伯特。罗伯特曾经为了和我的这份背叛了最好朋友的感情内疚得想要饮弹自杀，幸亏乔治及时夺下了他的手枪。几乎同时，让也吞食阿片酊意欲自杀。我只是无奈地躲在自己房间里暗暗哭泣。在我们三个人乱作一团时，乔治拯救了我们，他带着情绪低落的让去中欧旅游而把我和罗伯特留下来继续我们的恋情。

那时的罗伯特和父母生活在杜班街，而我住在保尔-巴路艾尔街。法朗士成了我们之间的信使。我一生中很少听谁的话，但我听罗伯特的话，因为我很欣赏他的智慧，更欣赏他这个人。和他在一起，我终于赶找到了一直苦苦寻觅的安全感。

1938 年夏末，罗伯特应征入伍，开始了对他人生至关重要的军旅生活。他这样做是因为他已放弃了曾经拥有的和平主义的理想，他认为向希特勒让步是一种可怕的耻辱。入伍后的罗伯特体会到了一种空虚，正如和他在一个宪兵队的弗朗索瓦·密特朗不无讽刺性地写道："对于 1938 年入伍的我们来说，当兵意味着从一个诚实平凡的市民堕落为一个习惯肮脏、懒惰、酗酒、营房和困倦的士兵。"而这时的我已在殖民部供职。我对这份工作投入了大量热情，我每天都要接触主题繁杂的各类文件。由于我的出色表现，不久后我被调去准备殖民部部长的政治发言。也是在此时期，部长亲自下令让我为殖民部撰写了《法兰西帝国》，这可以说是我的第一本书。

战争的阴云笼罩着欧洲，给人们带来了挥之不去的焦虑感和危机感。受此影响的我一天给罗伯特发了一份电报："要嫁给你。回巴黎。玛格丽特。"收到电报的罗伯特高兴地请了三天假，赶头班火车回到巴黎，1939 年 9 月 23 日 11 点 15 分，罗伯特和我在十五区区政府结为夫妻。由于朋友们离得远而且许多已应征入伍，只有少数几个人参加了我们的婚礼。对于我和罗伯特来说也不过是走一下程序而已，在这个战争呼之欲出的非常时期,这种没有结婚证的简单婚礼或许只是给予人安全的一种手段,寄托着一种美好的希望和对未来的担保。这在当时是一种通过法律来加强彼此之间的同志式关系的途径。

这场婚姻,对于正在疯狂迷恋着我的罗伯特是一场爱情婚姻,而对于我来说是一场实验婚姻,我想从中获得一种庇护、援助和力量。我们在结婚的当天就分开了:他去过他的军营生活,而我回了家。我们彼此就这样回归到原先的生活轨道上去。1940年9月罗伯特回到了巴黎,我也随后回到了巴黎,我们一起在圣伯努瓦街安了家。圣伯努瓦街五号成了我们和朋友雅克·贝奈、玛格丽特·安泰尔姆、法朗士·布鲁奈尔及以前法学院的同学聚会和交换意见的场所。我们在此谈论司汤达、尼采和圣茹斯特,这里成为一座弥漫着自由和友谊气氛的论坛。

1944年6月1日,罗伯特的被捕让我处于精神崩溃的状态。虽然我不断地利用各种手段和途径在各中转中心打听有关他的消息:他被关押的地点,他何时被转移,但我经历了多少次希望就经历了多少次失望。白天,我忙于打探有关他的消息还好挨过去。夜晚来临时,我就陷于一种无法承受的绝望之中。我整夜整夜辗转反侧地失眠、哭泣。在这种无望的漫长的等待中,我的头脑中飘忽着有关罗伯特的无穷臆想。那时,我觉得我已疯了。我下定决心,一旦确定了罗伯特死亡的消息,我就自杀,我要为他而死。罗伯特的被捕与音信全无让我有一种被抛弃之感。我甚至觉得迪奥尼斯也不值得信赖和依靠。

我终于在日夜的担惊受怕中等来了集中营的解放。但这一消息给我带来的不是预想的兴奋,而是一种难以言表的恐惧,我万分恐惧等来的是一个确定的不想要的结果,但很快我知道罗伯特还活着。这个消息就像潮水一样从四面八方冲击着我。活着、活着。罗伯特从集中营回来后,我们又生活在一起。在集中营的这场生死攸关的考验中,我更深刻地认识了他,意识到了他与我周围的一切人与物的不同。我领略到了他的气质,使他从集中营中幸存下来的智慧、学识,还有他独有的不怨天尤人的胸襟。回来的罗伯特和迪奥尼斯之间的友谊甚为亲密,亲密得我似乎只是一个局外人。

随着羸弱的罗伯特不断恢复正常，我也在对罗伯特经年累月的爱情和对迪奥尼斯持续燃起的激情之间犹豫徘徊。后来，罗伯特也渐渐感觉到我们在一起已不会像从前那样幸福了。他也很同情我，而安娜·玛丽有时会来看他，甚至会和他在一起待上几天。我开始有意地躲避罗伯特。这期间我写信给迪奥尼斯，再次明确地告诉他我想要一个属于我和他的孩子。后来有一天，我对罗伯特说：我们离婚吧。我希望和迪奥尼斯要个孩子。离婚就是想让孩子有个名正言顺的姓氏。罗伯特问我是否还能在一起。我说不能，自从两年前遇到迪奥尼斯我就一直有这样的想法。

真没想到，我们当中能够忍受这种恶魔般的浪漫而迷乱的关系的竟然还是罗伯特。我把他昵称为温柔的犀牛。在我内心深处，我觉得自己做了不少对不起他的事情，心中也时常会感到歉意或愧疚，但我从未真正坦诚地向他表示过这份无言的歉疚。其实，我早已隐隐约约地预感到他终究有一天会离开我的。他这样一个我生活中弥足珍贵的挚友、战友、兄弟、情人、丈夫兼于一身的温柔谦虚、魅力四射的男人，我竟然不知多少次伤害了他。现在，我似乎开始有些后悔把我和他的关系弄到这般地步。

罗伯特的《人类》在伽里玛出版、再版后，人们最终认为他是一位哲学家、作家、历史学家。我也为他感到骄傲。我在文学方面的飞跃受到了罗伯特《人类》创作风格的极大影响。以前我将文学视为一种自我暴露的方式。此后，文学于我成为一种对自我极限的挑战，是对空茫的一种认知。和坠入无底深渊的那种力量相抗争，我们不得不战胜它，不然的话，我们就会被它战胜、吞没。罗伯特向我们表明，语言多么惊人地构建了作为世界存在的我们。这种感觉现在他的脑子里，他的身体里，正是从这些地方新的话语出其不意地自动涌现。

在他去世后，我曾说我是他的孩子，只要有他在，他就不会允许任何人伤害我。我们在一起生活了很久，此间我们都分别拥有过自己的情人，但对这个世界的深刻洞见和相同的政治观使我们的关系经受住了诸多考验。他成了我理想中的真正的大哥，我们一起探索真理。我和罗伯特之间最初缘于激情,但这份激情最后归于一种比激情更持久、更牢固的友情。但后来,由于种种原因,我们的关系渐渐冷淡下来。

——《平静的生活》《痛苦》

5.我与迪奥尼斯·马斯科罗

我和迪奥尼斯·马斯科罗相识于 1942 年 11 月,他像上帝一样英俊,我对他一见倾心。但有时,我会为迪奥尼斯的沉默寡言、闪躲与逃避而忐忑不安。我一直期待他说爱我,最好不停地说,我期待他给予我爱的言语与肯定。他的这种沉默让我幸福的生活中隐藏着丝丝不安。我写信给他说:"我是一个普通的女人,智力平平、相貌平平。我只是希望能在你身边充当一个小角色。你蔑视一切的神秘中有一种我不能洞悉的价值。我不能理解这种价值,但我愿意为你守候,只为你一人守候。这世界上有人能够相守却不相爱,有人可以相爱却未能相守。我们是肯定是在争吵中厮守一生的人。"

我对他用情至深,我曾想尽一切办法用尽一切手段只为征服他。我经常让他对我说我爱你,但他一直都不愿意。虽然这让我发疯,但我还是喜欢他,迷恋他的样子。我要他,要把他包围起来,置于专属于我自己的圈里。那是一段令人心醉神迷的时光。我们经常在旅馆里一待就是一整个下午。我们充满欲望,享受着肉体的欢愉。我们聊得最多的是文学。痴迷于司汤达的他还向我推荐司汤达的作品,而那时的我则喜欢巴尔扎克。我在两周后和他说起了罗伯特·安泰尔姆,我告诉他我在德法宣战时嫁给了罗伯特,为我们深厚的友谊加盖了正式的印章。我也坦承了罗伯特和安娜·玛丽之间的婚外恋情、我和我的其他情人之间的恋情。我和迪奥尼斯都想让我们之间的这份感情持久而纯粹。为此,我断绝了和其他情人的关系。迪奥尼斯也带我见了他的母亲,我们的关系得以正式确立。我和迪奥尼斯经常谈起越南,谈起那里雨后泥土的清香,季节转换时天空的色彩,母亲用毕生积蓄购买的被太平洋淹没的租让地,母亲开办的那所寄宿学校,还有神经质的母亲、暴虐的大哥、呵护我的小哥哥。在圣伯努瓦街,我将迪奥尼斯介绍给了罗伯特,像众多被罗伯特吸引的人一样,迪奥尼斯说他们之间也是一见钟情。就这样,他经常去我和罗伯特的家,并成为家里的常客。后来,他成为我儿子乌塔的爸爸。

上天似乎注定了一切。罗伯特爱着我,我也爱着罗伯特,罗伯特还爱着我爱的迪奥尼斯,这是一种超乎想象的复杂的关系,但这种关系在我们之间竟然心照不宣地和谐地存在着,而且存在了相当长的一段时间。有时,我真有点后悔创造了机会让罗伯特和迪奥尼斯一见钟情似的会面,他们的关系亲密得常把我丢在一边。迪奥尼斯还曾开玩笑地说这一切发生得太不可思议了,罗伯特身上有一种迷人的单纯,他从未见识过像罗伯特这样本性如此率直之人。两个相互倾慕的男人经常促膝夜谈,互敬之情与日俱增。

罗伯特带我去杜省度几日假,我和他去了,但对迪奥尼斯的思念折磨着我。于是,我写信给他:"我孤独得仿佛一个刚写完一部书、想找人聊聊却发现所有人都在沉睡之中的人。我如被困的野兽般为孤独包围了。孤独的我只好把表置于身旁聆听它单调、枯燥的跳动之声。我越来越孤独,虽然这样的诉说也无济于事。"

后来我又偷偷地写信给迪奥尼斯:"我知道爱你胜于写信给你。但有些话语是属于夜晚的。这样苍茫的夜晚,我们的体内没有欲求,因为此时此刻我们不在一起。这样的日子,我每天都在自我追问没有你的日子我该怎么挨过。我希望有一天你对我说哪怕在电报里说你爱我,需要我。写下这些不知所云的言辞也没奏什么效。我想让你拥我入眠。这是我今夜为你写的,好好保存,也许以后我就找不到它了。"

我爱迪奥尼斯,哪怕我们相隔遥远,我也清醒地意识到我只要他。我曾经认为支撑我的东西消逝了。我用一切办法包括写作,隐瞒着、逃避着罗伯特。对于当时的我来说,写作是一种真实生活的延伸,是探求真相的历程。就在那一年夏季的 8 月,我写信给迪奥尼斯:"深夜六点,我成了一具尸体,没有了你的我成了一具尸体。"虽然不明就里的罗伯特也能隐隐感觉到我对他的疏远,但由于迪奥尼斯的态度处于犹豫不定之中,这次度假后我还是和罗伯特回了巴黎。1943 年这一年忙于第二本小说的我有点疯狂。我找迪奥尼斯的频次越来越高，后来迪奥尼斯终于成为我唯一的情人。虽然感动于我对写作的坚持，他总是对此持讽刺和怀疑的态度。我们之间的友谊不在于知识领域，而是类似一种猫和老鼠的游戏。他是一只懒猫，必要时才会伸出爪子。他对任何人都抱着一副无所谓的态度，这让我很受伤。1943 年 11 月 28 日，我曾写便笺给他："猫在敲门。我坐在地上。我是一个不善于说谎的女人，但我说了谎。我在离你很远的地方存在着。"

罗伯特被捕后相当长的一段时间，我处于精神崩溃的状态。当时迪奥尼斯在母亲家居住，但他每天都回来看望我，安慰我。我不断想方设法打探他的下落，但我经历了多少次希望就经历了多少次失望。我夜晚顽固性地失眠，经常哭泣，我觉得我已经疯了。我下定决心，如果罗伯特死了，我就自杀，我要为他而死。罗伯特的被捕与音讯全无让我有一种被抛弃之感。我甚至觉得迪奥尼斯也不值得信赖和依靠。我甚至把要和他生个孩子的强烈想法抛到了九霄云外。

罗伯特从集中营回来后，我们又生活在一起。迪奥尼斯和罗伯特之间的友谊甚为亲密，亲密得我似乎只是一个局外人。我和罗伯特经历了这场悲苦的离别之后更是难以分开，可我更爱迪奥尼斯，我们又做回了情人。迪奥尼斯耳闻目染了我和罗伯特的深厚感情，他悄无声息地离开了。我写信给他："也许我们已不能在一起了，一切都已不可能回归到从前。我再也不会有我们的孩子了。我们不想和任何人生活在一起。等我变成一个和蔼的老妇人吧。死亡，谁能让我们的心不再哀伤？"

1946 年夏初，我独自一个人去了多尔多涅。我到此就是想不受干扰地在罗伯特和迪奥尼斯这两个男人之间做一个二选一的抉择。我不想继续这种夹在两个男人中的生活了。我一直没有和罗伯特明确地断绝关系，是在等待迪奥尼斯开口要求我和他在一起。

但他一直沉默，我写信给他说："我们三个人这种互相欣赏、互相交织的感情虽然难得但也非常折磨人。天啊，我什么时候才能安定下来呢？我只爱你。你们总是对我不管不顾,总是让我感到尴尬、痛苦。别无他法。不管怎样,在这样一个三个人的故事里,我们都痛苦不堪,无法忍受了。"最终,还是在我怀了迪奥尼斯的孩子后,罗伯特想要离开。我不想让他离开,我根本离不开他,迪奥尼斯也一样。我就生活在两个天使般的男人中间。但在他的坚持下,我和罗伯特还是在孩子出生前离婚了。

我在和迪奥尼斯的爱中备受折磨。我们两个人一直没有结婚,是两个独立的存在。我深为这种生活状态所困扰。滋生了独自生活的想法,觉得这样才更有利于我的生活和工作。1950 年 8 月 23 日,我写信给迪奥尼斯:"我虽然爱您,但由于这份爱一直得不到您的回应,我希望离开您。我现在处于一种奇怪的状态之中,没有了悲伤也没有了快乐。或许和您相处的日子让我学会面对孤独。我可能变得比以前更坚强了。与您相处的这五年,我累了,累得筋疲力尽。"但迪奥尼斯却拒绝了我的请求。

我其实很多次问自己是不是真的希望独自生活,远离迪奥尼斯这个让我备受折磨的男人,而且现在他对我的魅力已大不如从前。年届四十的我内心有一种空落落的感觉。我和迪奥尼斯是有些疲倦了,对彼此的漠然想必也在或近或远的一天必然来临。我不能够忍受如此单调、沉闷的生活。我知道自己对男人要求过高,独占欲强,嘴巴不饶人,没有哪个男人能够长期忍受我这种臭脾气,我有时也会容忍他们到某个地方喘下气。但我在爱情上又不爱妥协让步,我不能接受维系那种千疮百孔的婚姻。我绝不会为了面子、为了名声而要委曲求全的爱情。

1956 年夏是一个难忘、难过的夏天。我和儿子先到了特鲁维尔,在那里等待迪奥尼斯。但他没有来,一次也没有来。我开车到了南方,疲惫不堪中的我给迪奥尼斯写了封断绝关系的信:"四十二岁了,我厌倦了这些年和您过的这种生活。我请求您的谅解,我真的筋疲力尽。我感觉我曾经的善意被掠夺至空。这或许是我的错。就像您曾经嘲讽我的那样童年的我无名无姓,曾经的我一无所有,而我想要从您身上攫取这世界上一切的美好,却不愿意让您从我这儿获得同样的美好。"终于做出了这样的决定,为此我忍受了好多年。断绝关系后,迪奥尼斯依然居住在圣伯努瓦街一直到

1967年。但从此我开始过起了没有他的生活，这是一种没有批评与嘲笑的自由生活，是一种对他不再等待、不再怀疑的安心的生活，是一种远离了等待、背叛、嚎叫、沉默的痛苦的解脱了的生活。

从此，我和迪奥尼斯成为相互尊重的朋友，我们断绝的是彼此之间的肉欲和爱情，我们获得的是更为持久、更为宁静的友谊。迪奥尼斯确实是一个英俊文雅的情人，他在某种程度上不适合做我的情人，更准确地说，不适合长期做我的情人。不管怎样，他是我生活中重要的三个男人之一。

——《平静的生活》《痛苦》《迪奥尼斯·马斯科罗档案》

6.我与米拉尔·雅尔罗

我是在一次圣诞节聚会上认识米拉尔·雅尔罗的。他是一位风流倜傥的棕发男人，喜欢吹牛、喝酒、博学多才。聚会结束时，他要送我回家，被我拒绝了。后来他通过一位朋友打听到了我的住址，给我写了一封信说在某咖啡馆等我。我竭力抵抗他的追求。渴望新爱情降临的我，每天都外出，但不到那家咖啡馆附近。第八天，我像走上绞刑架一样迈进了那家咖啡馆。他果然在那里，他说过会永远等我的。我也相信了。他每天都等五六个小时地等了八天。我们在咖啡馆里说着似乎永远说不完的情话。每次回家的时候我们皆已酩酊大醉，直到中午才会醒来。他是那种很能吸引我这种在知识分子圈子浸淫了太长时间的女人的男人。和他在一起很轻松，我喜欢他夸口，我可以笑，可以随便找点话题聊一聊，可以在酒吧熬到很晚，可以在大街上溜达到天亮，下午的时候我和他在一起做爱。我觉得他是个王子，学识渊博，但也轻薄迷人。他平时就是给报纸写点儿文章，写些电影脚本，有时还写写小说。出身于一个富有的外省资产阶级家庭的他是父亲最喜爱的儿子。家里人希望受过良好教育的他成为公证人和律师，他现在是作家兼记者。他混迹于巴黎，英俊的外表使他成功地达到了他接触艺术家、跻身于圣日耳曼-德普雷小团体的目的。

雅尔罗想通过文学实现自己，证实自己。我一度认为他确实是个非常有天赋的作家。他很细腻，很古怪，很迷人，很健谈。跟他在一起，我感到前所未有的快乐和满足,我渐渐陷进了他用柔情蜜语编织的情网里。这是一种心甘情愿的沉沦,我曾经度过了一段生活在社会之中的时光。我到别人家去吃饭,去参加鸡尾酒会,和各种各样的人见面,写书——我的生活安排得满满的,有条不紊。突然有一天,我生活中出现了雅尔罗,爱神之箭再次射中了我。我的生活发生了天翻地覆的变化。以前我觉得我已度过了爱情的危险期。我曾认为自己经历了少女时代和中国情人,后来又经历了和罗伯特·安泰尔姆及其他不同男人的情感故事,自以为是的我认为再没有哪一个男人可以让我沦陷。但雅尔罗成功地做到了这一点。和他的肉体之爱让我沉湎于其中的同时,也让我发现了自我。这种发现让我可以脱离曾经我认为是权威的文学导师的海明威、维托里尼和贝克特的影响,做真正的自我。从此以后,我只相信我自己,我的写作和写作方式彻底转向了真实的自我风格的探索之路。在献给米拉尔·雅尔罗的《琴声如诉》(又译作《如歌的行板》)中我们的故事隐约可寻。这本书确实象征着某种断裂。我希望读者能感受到我在这本书中体现的写作和写作方式的转变,离开里伽里玛出版社的我和子夜出版社建立了新的合作关系。

我们在一起度过了半年的疯狂时光。这段时间里,我们过着由暴力、酒精和肉欲混合在一起的疯狂相爱中。我们待在旅馆里互相殴打,然后相爱。我们有时在夜里一起哭泣,一起狂奔直到第二天早晨双双倒下。这样的六个月过去后,我们的爱情成了一桩故事。

我和雅尔罗过着双重生活。在和他交往期间,我仍和迪奥尼斯住在一起。雅文罗也有自己的家庭,他非常爱他的妻子和孩子。但他也和我保持着情人关系,我们的爱巢便是沃利街他的单身公寓。我们有各自独立的生活,但周围的朋友也都对我们的关系心知肚明。雅尔罗细腻、独特、迷人的魅力让我越来越迷恋他,我爱他已到发疯的程度。身为记者的他经常出差,他经常没有任何理由地在某一时刻消失。而我却长时间地把自己关在房间里只为了等待他可能会打来的电话。我就这样为他的爱情俘虏,我成了一个为爱而变得温顺的小女人,而这个小女人却在文人圈子里给予他这个我为之颠三倒四的男人以足够的保护。

杜拉斯自述

圣日耳曼-德普雷酒馆里的人都知道他是一个唐璜似的性游戏高手，以自己征服过的女人的数量和质量作为其炫耀的资本。而沉迷于他的我却一直被蒙在鼓里。不管怎样，他渐渐融入了我所在的圈子。后来我发现雅尔罗撒谎，在任何事情上都撒谎，更可怕的是，他自己都不知道自己在撒谎。我知道这一事实时简直要疯了。我使用了一切方法想要改变他撒谎的毛病，但最终我不得不面对失败，不得不向这个我为之疯狂的男人妥协。他每时每刻都在撒谎，对所有的人杜撰自己生活中的事情。谎言似乎一直潜伏在他的唇边，只要他一开口，就是谎言。谎言也成为他生活必不可少的部分。关于羊毛衫的价格、地铁的路线、电影的场次、和朋友见面、城市的名字、他的家庭等这些不一而足的微不足道的问题撒谎。他就是谎言的具体代表。他嘲笑一切：真理、爱情和死亡。他只尊敬唐璜和作家。而我在他眼里不仅是他的情人，还是他欣赏和尊重的作家。雅尔罗总是试图让我明白，他虽然欺骗我对我撒谎但他是爱我的。我们喜欢一起工作，确切地说是写作。我们共同创作了《如此漫长的缺席》和《没有奇迹》两个剧本，并署上了我们两个人的名字。

为米歇尔·米特拉尼写电影脚本《没有奇迹》把我们紧密地联系在一起。剧本中的现代夫妻虽然互相欺骗，但彼此相爱，他们之间没有秘密。我和雅尔罗在这剧本里成功地呈现了我们的爱情。我从来不隐瞒我酗酒的事实，有时还会在朋友面前炫耀。我相信只要陪雅尔罗喝酒，让他和我一起写作，我就可以让唐璜似的他忠实于我。我希望用写作这种独特的魅力让他在他众多的情人中选择我。

1963 年 11 月 25 日，雅尔罗因《狂吠的猫》终于获得了他等待已久的梅迪西斯奖。这里面其实我功不可没，但我们也因而开始了不和谐的关系。我嫉妒我只不过是他诸多女人中的一个，他妒忌我在文学方面的天赋、成就和影响力。我们的爱情在妒火的炙烤下岌岌可危，但我一直下不了决心斩断和他的关系。《劳尔之劫》（又译作《劳尔·V.施泰因的迷醉》）是我和雅尔罗的最后一次合作。我已受够了生活于妒忌他和众多女人的爱情故事。我曾在夜晚的酒吧里看到一个女人向他走来、瞬时变得面无人色似乎要晕厥的他。他就是这样一个看到一个女人而忘记所有女人的男人。每一个女人对于他来说都是唯一的和最后一个，这种不可思议的情形一直持续了他的一生。后来,他和一个与政治有牵连的脱衣舞女的风流韵事彻底击垮了我们的爱情。戒酒之后,我终于下定决心离开他回归独自的生活。

女人是这个男人生命中的首要人物。后来他在快要死去时,对我们共同的一个朋友说他一生中只持久地爱过一个女人,在爱她的几年时间里,他从未对她说过谎。至于原因,他自己也搞不清楚。他的一生中仅有这么一段爱情,这可能很大程度上是因为她的缘故。爱情依赖于女人欲望的持久不变。当女人的欲望不再,男人的欲望也应该终止。否则的话,他就会变得不幸、孤寂。他是一个无与伦比的男人。总是耗尽自己的精力把所有事情都做得很好。他总是像期待激情一样期待着死亡,他虽死犹生。

——《物质生活》

7.我的兄弟情结

我虽然受到两个最亲的人——母亲和大哥的压迫,但我也收获了小哥哥对我的善意与呵护。善良、英俊、温柔的他从来都不会做任何伤害我的事。有时我想我的一生都是在苦苦追寻失去的兄妹之情。的确,在很大程度上,我真正的情人都是我的兄弟,在生活中,我与他们是一起同生活中的艰难困苦并肩作战的兄弟;在战争中,他们是和我在战斗中共同进退的兄弟。小哥哥去世后,罗伯特在相当长时间内成为我的兄弟。后来,迪奥尼斯和我时常会有冲突,但也是会永远用欲望化解这种冲突的兄弟,再后来和小哥哥离开我时的年龄相似的二十七岁的扬成为我晚年真正伴我到生命尽头的兄弟。我总觉得这些兄弟在我的生命里出现并非是偶然性事件,而冥冥之中是一种命中注定的期许的实现。他们的出现,或者是弥补了我童年生活中的某种缺失,或者是早年生活中某种戛然中断的幸福的延续,抑或是上天对不懈追求生命、笔耕不辍的我的一种眷顾。

我觉得我似乎与生俱来就有构建爱情关系的天赋。我天生很善于发现并暴露每个人的性格优势,以此作为培养爱情的基点。我把这些男人都滋养成了我的小哥哥,他们都成了我的兄弟。

——《物质生活》《痛苦》

8.诺弗勒城堡

诺弗勒一共仅有两千人。如果除去我们这样的非常住居民,诺弗勒的准确人数是一千九百九十三人。诺弗勒是塞纳-瓦兹省七百个市镇中最美丽的小镇之一。这里的居民大多是外来者,原来居住在此地的人数不过十人,现在大家都居住在这个称为诺弗勒城堡的小镇。

一走进诺弗勒你便可见到松林和刺猬。如果说森林是诺弗勒的大门,有百年历史的大马尔涅厂便是它的心脏。我喜欢诺弗勒。没有故土的我把它视为我的故土。令人觉得有些荒谬的故土,因为这儿没有真正的诺弗勒人,大家互不认识、交往。提到诺弗勒,我总有说不完道不尽的话,但在诺弗勒,我却没有和任何人说过话。公路开通后,这儿成了度假的理想场所。有些别墅的主人一年会在这住上两三个月,如今,他们只是周末会来。诺弗勒每天大约出售四百份报纸杂志,其中一半是《自由巴黎人报》,这里的人们完全对政治不感冒,这里一切都很宁静、平和。诺弗勒城堡的夜几乎总是祥和幽静的。这些年大家都去的一个地方就是电影院。市长曾对我说:"必须救救诺弗勒,不然它会消失的。"他和我们每一个人都知道唯一有效、可行的办法是接受尽量多的无产者才能从根本上拯救其淡而无味毫无生机的市民生活。诺弗勒缺乏一种勇气、一种活力、一种既定的目标。这种情况在整个塞纳-瓦兹的别墅区都不同形式地存在。

和边埃普、索穆尔、乌迪纳一样,这里有长着丁香花,苹果树的丰饶的土壤,有美丽的醉人风光,这里曾是阿兰·雷奈拍摄《广岛之恋》时纳韦尔的取景之地。诺弗勒的城堡一度和蒙弗尔的相提并论,如今它沦落至此也是一种深深的遗憾。如此说来,最明智的还是不要去想它罢了。

《抵挡太平洋的堤坝》的电影版权让我第一次实现了经济独立,摆脱了曾经与罗伯特和迪奥尼斯分享一切的时代。我终于可以实现小女孩时代就怀揣的夙愿:给自己买一套大房子。我用这些钱购买了诺弗勒城堡,把它写在我的名下,而后又在特鲁维尔黑岩别墅区买了套临着大海的房子。诺弗勒城堡称不上是乡间别墅。它曾是农庄,里面有水塘。记得来看房时大门一打开,花园就映入我的眼帘,那一刻,我就已一见钟情式地决定买下它,现金支付。现在我对它还是爱如初见。一年四季它都宜居。虽然我后来把它给了我儿子,但它属于我们两个。我们都眷恋它。儿子在诺弗勒城堡保留了我所有的物什:桌子、床、电话、画、书、电影脚本。因此,我可以独自在那里居住。我去那里,儿子很高兴。他的这种快乐现在也是我生活中的快乐。

在我之前住在诺弗勒城堡的人没有搞写作的。这事我向镇长、邻居、商人打听过。甚至我也曾向凡尔赛问过曾住这所房子的人的名字,这些所有人的姓名和职业中,没有一人是作家,虽然他们都有可能成为作家。这房子对于我火山爆发似的写作狂热起到了一种催化剂的作用。它也在一定程度上降解了我童年时遭受的一切苦难,尤其是由来已久的对私人空间的可望而不可得的创伤。购买诺弗勒城堡时,我就意识到了无论对于我还是对于我的孩子来说这都是一件意义重大的事情,而且是我有生以来第一次如此重要的一桩事。从此,我花相当多的时间去料理它,直到后来,我痴迷于写作,渐渐疏于对它的管理。

我购买诺弗勒城堡的初衷是为了更好地招待朋友们。但没过多久,我就知道我是为自己买的,只是现在才说出来,但确实有时很多朋友会来。每个假期和周末,城堡都要迎接老朋友,如伽利玛一家子,罗伯特·昂泰尔姆和迪奥尼斯·马斯科罗及其他朋友。他们中也有我的情人们,尤其是作为魅力化身的热拉尔·雅尔罗。这些晚会是令人愉快的晚会。诺弗勒城堡是一个极度沉沦、至上快乐的地方,就是在这里我经历了我最喜欢的孤独。这些客人到来时我虽不那么孤单却有一种被抛弃之感。这种人多热闹之后的孤独只有在曲终人散杯盘狼藉的黑夜才潜滋暗长,才更刻骨铭心。可以想象一下,黑暗的夜里,在四百平方米的大房子里,独自一人在床上细嚼着噬骨的孤独是什么滋味。这样的时刻,当我走到房子的尽头,向小屋走去时，我对想象中似乎是陷阱的空间感到一种恐惧。这样的恐惧每晚都会重演，日甚一日。但我从未邀请什么人来同住，可能在我内心深处渴望这种深入骨髓的孤独，也享受这种孤独吧！在这种令人战栗的孤独之中，我独自摸索出藏于床下的红酒，自斟自饮地喝上一升，爬上床蜷缩在床上孤独地睡去。就是在这种孤独中，我终于寻找到了迷失的自我。我感觉到这座房子就是为我而存在。现在它为四十四岁的我遮风挡雨，为我提供一片感受大自然的处所。这里远离了台风、海潮，远离了童年的流浪，远离了童年时代担心母亲的房子有一天会失去的焦虑，年过不惑的我可以把自己关在房间里寻求庇护，再也不用找不到地方躲避哥哥和母亲的打骂了。那个从小就辗转于一个又一个地方、住在公务员的房子里的小女孩如今成了产业主。地点对于我来说是房子、在我的生命中和作品里一样，地点始终具有决定意义。房子于我仿佛是避难之地，在房子里我才感到安全安心，但是它对于事物来说是一个封闭的圆。我将诺弗勒视为自己独享的领地。在它那里，我重新认识自己的历史，在这种崭新的对每个角落与细节的审视之中，我叩问了自己的灵魂。这是属于自己的孤独的"夜航"，在此，我可以好几个月的与外界完全隔绝，独自徘徊于诺弗勒的花园，心无旁骛地在月光之下细察一只苍蝇的一举一动，纵情于酒精的麻醉，整夜整夜地让手中的笔驰骋于纸上。我喜欢诺弗勒，我没有故土，它就是我的故土，可以纵情欢乐的故土，似乎它生来就是在为我等待。它似乎能感觉到我的存在。我在任何一个地方都没有在诺弗勒住的多。我似乎就出生于这里。我把它完全看成是属于我的。它似乎在我出生之前就已为我存在了。在诺弗勒城堡，有时我会晚些时间出来，和村里人、朋友、诺弗勒居民喝喝酒、聊聊天。我们有时去一家占地好几公顷的一家咖啡馆——帕尔利亚。深夜三点钟时它往往仍是顾客盈门。

　　诺弗勒城堡是孤独之所在。但在这里并非所有的人都感受得到孤独，或被孤独感染。在我看来，孤独不是自我生长的、你寻觅得到的，而是你创造的。我能够创造孤独。在诺弗勒，我独自一个人，待在那里，独自一个人开启了我的写作之旅。我爱上了诺弗勒，我将自己封闭在这座房子里。在此，我写出了我的书，我的书来自这里的光线，这里的花园，甚至这里水塘的反光。我弄懂这一点用了二十年。诺弗勒是一座属于时间的房子。尽管一切人或物终究有一天会消失，但我心中还是把它视为我的一个港湾，一个抵御心中的"太平洋"的"堤坝"。

在诺弗勒的那些夜晚，深深的忧虑会光顾我。花园里娇艳的玫瑰和母猫拉莫娜的叫声也不能缓解这种忧虑。我在这所旧屋里感受到了孤独，体验到了流浪，但我很自由，而且找到了自我拯救的途径——写作。在我情绪最为低落之时，我也在坚持写作。写作是我摆脱死亡、与外界重建联系的方法。在这所房子里，我最初在二楼写作，后来转移到一楼中间的大房间里写。原因我已记忆模糊，可能是为了不再孤独，也可能是为了欣赏花园。

人们都是愚蠢的，我们早已知道。我对戴高乐将军的不满日积月累。我将自己关在诺弗勒堡里，用酒精麻醉自己。世界像一片无边无际的沼泽。在这里，对思想和革命的背叛成为人们习以为常的事情。历经政治与革命考验的我对这种一切都产生了幻灭感，不管对政党还是政治人物都同样的失望。

迪奥尼斯是个非常优秀的园艺师。诺弗勒城堡的外面有一座庄园，前面有一条街、一个广场、一个百年之老的池塘和农庄里的学校，它们使这座乡间房子内部四通八达，给人一种度假村别墅的感觉。池塘结冰时，溜冰的孩子们的嬉闹声使我不得不中断写作。我只好随他们去。雅尔罗喜欢诺弗勒的房子，曾建议我搬离巴黎，一起住到这座乡间的房子里。迪奥尼斯是一个园艺师，经过不断地进行创造性的嫁接、培育，他种的芍药和玫瑰使诺弗勒城堡——孤独的写作所在变得美丽迷人，成为一处让我留连忘返之所。一天晚饭后，天上满月当空。迪奥尼斯在花园里叫我，他说让我欣赏月光下白色的花会变幻成怎样的颜色。我的确未曾注意到，也从未仔细观察过月光下的花园。一丛丛白色的菊花和玫瑰花仿佛是一片片耀眼的雪地，使整个花园里的其他花和树都无形中显得黯然失色了。红色的玫瑰更是变成了一种阴郁的暗红，几乎隐身了似的。而这月光下亮如雪的白色却永远留在了我的记忆之中。诺弗勒也有很多猫,有的是捡来的,有的是自己被食物吸引来的。这里还有很多的沙发、桌子、柜子等物,这里也和圣伯努瓦街一样有一条规则:花是不能扔在垃圾桶里的。

我是个天才,也不缺乏勇气,我只做我喜欢做的事情,这一点是许多人都做不到的,他们都是做一些不想做的事情。我不在乎我的名声,我也没有多少钱。像我这样有天赋的人就应该随心所欲,但我对疯狂充满了难言的恐惧。身边的一些人都是半开玩笑半认真地对我说有一天我会变疯的。这是他们有时故意吓唬我所说的话,我心里知道。但这种说法还是无形中强化了我内心对疯狂的恐惧。这种恐惧让我有时更加混乱,而混乱又让我恐惧,这似乎成了一个走不出去的怪圈。我在写作时觉得精力难以集中似乎我已不能控制自己。我觉得自己成了一个漏勺,大脑里空空如也,自己也弄不清楚到底写了些什么,在写出来的东西里也找不出自己的痕迹来。所以我只能怀疑这是我写的东西或者是不是有其他人参与了我的写作。

我在不知不觉中独自一个人在诺弗勒待了十年。这孤独地写作的十年使我周围的人当时就知道我就是一位作家,就如同我今天是作家为许多人所知一样。我所能说的是诺弗勒堡的那种令我恐惧亦令我痴迷的孤独是我自己创造的,为了我,为了我的写作,为了我成为真正的完满意义上的杜拉斯。写作的人应与周围的人隔离,这种隔离创造出一种孤独,一种作者的孤独,一种作品的孤独。只有在诺弗勒堡,我才独自一个人享有这种写作的孤独。

——《物质生活》《写作》《玛格丽特·杜拉斯的领地》《外面的世界》

9.《广岛之恋》之遗憾

《广岛之恋》一经伽利玛出版社出版,就吸引了电影导演阿兰·雷奈。一家电影公司的人找到了我说愿出一百万旧法郎买下《广岛之恋》的版权,由著名导演阿兰·雷奈拍成电影。以写作为业、靠微薄的稿酬勉强维持生活而急需用钱的我很快便和对方签订了合同。我天才的文字功底加上阿兰·雷奈的杰出导演使这部电影一发行便获得观众如潮好评。票房收入源源不断地进入制片厂和影院老板的钱包。导演阿兰·雷奈更是名利双收,电影界和观众提到《广岛之恋》言必称他。作为剧作者的我却无人问津。我有一种被人窃取劳动果实之感,开始后悔签了这份让我后悔的合同。此外一种被欺骗的感觉也袭上心头。更让我懊恼的是还不止这一部影片如此。过去的几年里,我用同样的方式为其他导演写过电影剧本和对白。我搞不明白,为什么电影制作中,作者被如此看低而通常人们都说他们应占全部工作的百分之五十。这里确实透露出来了一种赤裸裸地对文化的蔑视。在此,他们完全忽略了故事对于影片的价值。影片归根结底是对故事或者说是电影剧本的加工。我在十多年后接受采访时还愤恨地说那是我第一次涉足电影,年轻的我不知还有更有利于我的交易方式如先付部分酬金,然后根据电影的票房收入按比例提成。我从未签过这样的合同。况且,我为该剧本付出了艰辛的劳动,剧本和对话都由我一个人包揽,可我只得到了一百万旧法郎。后来,雷奈告诉我,这十年我大约损失了上百万甚或是两千两百万。这对于我来说真是一大笔钱。这简直就是因为我是个涉世未深的女人而对我进行的,可以说是抢吧。但却没有一个人包括阿兰·雷奈给我说——哪怕是稍微提醒我要按比例提成。我后来多次提到这个问题是因为我始终对这次不公正待遇难以释怀。

——《物质生活》《话多的女人》

三、我的写作

1.我为何是杜拉斯

杜拉斯是父亲的家乡，洛特·加龙省位于帕尔达洋附近的一个小镇的名字。这个地方因盛产葡萄、烟草、李子而闻名遐迩。这片土地是我崇拜的父亲的故乡。他出生在这片灌木与田野相间的沃土，当他在遥远的东方漂泊得筋疲力尽生命即将终结之时，他又回到了这片他心中永远眷恋的故土，长眠于这片能够抚慰他游子内心忧愁与伤痛的风景优美、环境静谧之地。父亲去世后，我曾和母亲及两位哥哥在此居住过两年。那时那个名为普拉提耶的旧庄园还是父亲的产业。后来，我也曾经和迪奥尼斯造访过这个有"白酒之乡"之称的杜拉斯镇。在这儿，我们在叔叔借给我们的房子里度过了两个记忆犹新的夏季。

小哥哥突然离世，被葬在了西贡殖民地公墓里的罗望子树下。这对我是沉重而巨大的打击。我好几天都沉湎于悲痛之中，不愿开口说话，几乎喘不上气。湮灭于人世间的小哥哥的死亡终于让我可以决定性地远离道纳迪厄一家，成为永远的杜拉斯。由布隆出版社出版的我的第一部小说《厚颜无耻的人》就属名为杜拉斯这样一个没有任何文学气息的名字。父母给我起的名字是玛格丽特·日尔曼娜·道纳迪厄，玛格丽特隐含菊花之意，还真应和了我清高冷傲的性格，道纳迪厄这个父姓与上天所赐谐音,我对这个宗教色彩浓烈的姓氏很是反感,我早已在心中对自己说总有一天,我要换掉这个我不喜欢的父姓。现在我用的这个姓氏,是因为我想摆脱那个丝毫没有文学品位的让我引以为耻的大哥的关系,和他彻底断裂。我想摆脱和父亲这个家族的联系,却仍然对那个曾属于父亲的老房子存有一份温馨的回忆。换了姓氏的我,终于和道纳迪厄这个家族彻底分开,有了属于自己的姓氏和自己的命运。真正的姓氏不是继承和接受而来的,而是自己造就的。

我从小在东方的环境中长大,十六岁那年回到了法国。因此,法国对于十六岁的我来说是一个完全陌生的地方。从此,无法忘怀的东方萦绕着我,生活于其中却难以融入的西方困扰我,这两种截然不同的元素在我的身体和灵魂中对峙,冲突不断。写作对我来说就是将危机发展到危机的尽头。我写得太快结果怎么也走不到危机的尽头,摆脱不了这种危机。假如没有我视为生命的文学创作,我会被这种旷日持久的争斗折磨疯的。正是这些倾泻于笔端的文字让我能够应对生活中不断出现的感情危机与心理危机,让我能够在寻找合适的文字表达我的感情的过程中渐渐成长、成熟。

书里的一切远比写书的作者要真实。就我而言,我从未停止过塑造杜拉斯。我现在已按照杜拉斯的方式生活,构建一个超杜拉斯:她已不再是生活中的某个人,她只是为了她的书的存在而存在。我更是一个作家,而不是生活中的什么人。我已不会因为什么东西而死了,因为我已将我生命中的主要东西埋葬了。现在剩下的只不过是一具躯壳。我已没有什么可失去的了。在这副躯壳死亡之前,我想做的只是写几本书,将自己彻底杀死,因为每一本书都是对作者的一次谋杀。

有时我自己却搞不清楚是自己在写作,还是别人在写作,《八○年夏》出版后,我看不出眼前的文字和过去的文字的区别,分不清哪些是我写的,哪些不是。这让我愤怒了。对杜拉斯来说,写作意味着什么? 我一生都在探索究竟什么是事实。杜拉斯并不重要,真实也并非那么重要,重要的是事实。我记得托马斯·曼曾说过作家其实什么也不是。我认同他的这一精辟观点。我不自以为是,我什么都不要,我甚至认为自己根本就不存在。我只希望自己是一个生活过的人,一个生活过、写作过的人。这样的我必须自由,必须享有绝对的自由。这个世界上,我认为唯一绝对自由的人是玛格丽特·杜拉斯。玛格丽特·杜拉斯是个地道的穷人,她仅有的财富便是她的名字。她自由得到了一种我认为疯狂的地步,自由得达到了憎恶之境:憎恶自己、他人、整个世界。她的这种自由之憎恶混杂着她对周遭一切动物、植物、食物、音乐和我的爱。就在这种交织于时空的憎恶与爱的混杂中,我创作的动机和源泉促成了我的作品的产生。孤独中的我用我的思想重构一切,将它们诉诸我的笔下。我觉得自己就生活于这种永恒的爱与憎的交织之中。

我个子较小, 这使我穿上为大多数女人设计的大多数服装都不合身。这一既成的、不可更改的事实是萦绕我一生的阴影。许多人都识趣地在我面前闭口不谈有关穿衣打扮之事, 他们都知道这是杜拉斯的禁忌。我的衣着风格总是一成不变。像人们经常看到的那样,我这种常年不变的像穿制服一样的衣着风格许多人有目共睹,对其原因也了然于胸。我有一件M. D.制服至今已穿了十五年,它早已成为公认的杜拉斯款式了。上一年,一位女服装设计师竟然别出心裁地把我这种多年的混搭设计成一套款式:黑色坎肩、筒裙、卷领套衫、冬季短筒靴。我告诉她说:这种风格是不能简单地用漂亮与否来评论的。这套服装应从自以为能表现出来的与设计希求表现的、自以为能够呈现的服装样式与服装实际穿到身上所表现出来的效果来考察。这两方面的契合不一定要完美地达到,但设计过程中一定要努力追求达到这种效果。如果这种目的能够达到便迅速固定下来,这种固定下来的完美效果还要以舒适为尺度。我穿这套衣服时从不拿手袋。我的生活在我穿坎肩之前业已发生了变化,只不过是不太大的变化而已。

身材较小的、十五年穿一套衣服的我的确不必穿各式各样漂亮的衣服,做一个专注于打扮卖弄风情的女人,因为我是会写作的杜拉斯。华服美妆、卖弄风情之类的事情在写作之前是有用的,但在写作之后就变得黯然失色了。男人虽然不说出来但他们喜欢写作的女人。一个作家就是一块不可思议地能够丰产奇异的沃土。这是众所周知的。

作家的身体也会以这样、那样的形式参与写作。和我们睡觉的男人就像是和我们的大脑睡觉一样，既介入我们的大脑又介入我们的身体。对于我来说，这种迷乱在知识分子以外的情人那里也是如此。我的性格是很难相处的，别人都知道。我的儿子都说我恶毒，但我相信男人都喜欢我，因为我是一个会写作的女人，是一个作家。……我认为书既不是一种回忆，也不是一种思想，更不是有故事的作家，它是一种等待，一次羁旅，一场冒险。世界上所有的男作家、女作家都因此而成为富有魅力的性对象。我小时候就曾痴迷于上了年纪的男作家。作家多数是胆怯、慌乱、玩世不恭的拙劣的情人，而名不见经传的所谓的作家则是健全的、相安无事的合格的情人。

没有大的写作计划的时候，我为一些报纸写些文章。报纸文章可以文体不够精致，可以词句不精雕细琢，但必须要快。写报纸文章和小说对于我来说并不是并行不悖的，两者是交叉进行的。被书套牢的时候，我一直是像冬眠的动物一样蛰伏在家里。此时的我对什么都了无兴趣，甚至报纸对我也失去了应有的吸引力。而为报纸写文章是我不写小说赋闲在家里才做的事情。写报纸文章于我意味着走到外面去，这是我最初的影院。

我喝酒是为了写作，喝酒的我往往感到一种语言的饥渴攫住了我的心灵。这是一种极为危险的状态，但我既不能停笔不写，也不能停止喝酒。对于现在的我来说，不喝酒而写作不但是不可能的，而且如果可能的话也是一种更为危险的状态。换言之，如我不必冒着喝酒这种危险就能写作的话，我也就可以不写了。尽管戒过酒，但我还是过段时间就故态复萌。我现在可以说已达到了一种什么也不为只为写作而喝酒的境界了。有时，我会突发奇想地让词语呼吸，这就是我后来称之的日常写作，其实也就是把词语视为从你心中不定时地涌上来的潮水。这些如潮水般的词语会很快蒸发于无形，我觉得应尽快像追逐海潮一样将其赶上，并将一些词语尽可能地收入我思想的容器之中,然后将之聚集起来,组织成为我想要的思想文字。

有些记者非要说我自恋,但我要说作为一个作家,再没有比自恋更勇敢的了。所有的作家都很自恋,只不过程度不同而已,只不过有些作家不说而已。我不是很美,也不很优雅,但我是个作家。我的书在世界各地卖得好不是因为我很自恋,而是因为我是一个许多人喜欢的作家。所以尽管有些记者认为我很自恋,但他们只能忍受我。我是生活在法国北方农民的女儿,受到这片土地的影响,我做什么都要坚持到底。有一天我也许会老得无法写作了,但这于我几乎是不可能的、荒谬的。

玛格丽特·杜拉斯从来不征求任何人的意见,她就是自己书稿的主人与上帝。朋友们认为我没有征得朋友兼前夫罗伯特·安泰尔姆的同意发表了与后者相关的小说《痛苦》是一种不尊重爱情游戏规则和他人隐私的行为。但我觉得《痛苦》不仅是文学作品,还是我真实记忆的一部分。如果我不将之发表,这些曾经真实地发生与存在于我生命中的事情便会随着岁月的流逝被逐渐遗忘,湮没于历史的滚滚洪流中。我有自己的逻辑关系,我生活中的男人:五十多年前的中国情人,四十年前的丈夫与情人,还有扬·安德烈亚都一一在我的作品中浮现出来。我不想让我的生命中出现创作空白,我希望把这些生命中的点一个一个连缀起来。这是我生命中最重要的事情之一。同时,我为这个曾是我爱的、信赖的人在集中营里经历了从肉体到精神的折磨而转变为现在一个对我来说陌生的人心怀内疚。我还曾经在寄给罗伯特的现任妻子莫妮卡的书页上写着:赠给莫妮卡,以此作为怀念他、他的爱情和过去的生活。这或许是我告别和他之间的那份令人难忘的爱情以及和他共赴生死的抵抗运动经历的一种方式吧。我曾经爱过罗伯特,真诚地、一心一意地曾经和他同甘共苦过。

对我而言,创作远远胜于那种毫无意义的辩解,文学史上的谜让它永远地留在那里。这对读者来说,可能是一份感人至深的浪漫与真诚。

——《物质生活》《话语的痴迷》《写作》

2.写作的机缘——每个人都是潜在的作家

安玛斯夫人是当时永隆行政长官总督的妻子,但她作风放荡,徜徉于死与性爱的泥淖中难以自拔。她丈夫调到永隆任职不久,有位年轻人在她丈夫刚刚调离的素旺那曲殉情自杀了。听到这一故事让少女时代的我震惊不已。我知道她,她不是那种惊艳的女人,相反言语不多的她没有友人,总是要么一个人独自外出,要么由两个女儿相伴散步。人们绝不会把她和交际花似的女人联系起来,即使后来年轻人为她殉情的事件爆发出来,人们还是难以相信。现在的我渐渐意识到她的身上蕴含着的双重力量。一方面是平凡而普通的力量,体现在作为行政长官的妻子生养子女、打打网球、悠闲散步之中的力量;另一种力量则是一种在爱慕她的人的心田中播撒死亡种子并促使其生根、发芽、疯长的力量。我被这件事萦绕了很久。我开始写作其实也有她的缘故。我对她怀有复杂的感情,我很想摆脱她,但我不得不承认,我作品中的许多女人的内心里都隐藏着一个安玛斯。她不是一个自由的女人,她只是一个已踏上了通向自由的曲折道路上的女人,她满怀希望地经历着一切:加尔各答、贫穷、饥饿、爱情、欲望。这一切使她探索自我、使她更接近自我——安玛斯·斯泰特,后来她投入大海。在我看来,她只是用这样一种方式投入了印度洋的宽阔无边、自由自在的怀抱,和海洋母体融为了一体。永隆的总督夫人让我明白了事物的双重含义,也许就是她把我带向了写作。写作,就是要学会享受孤独,学会达到不说的那种沉默的境界。

我相信,人可以通过思考将事物分开。我曾经上学、组建家庭,不费吹灰之力地圆满完成了学业。之后,我满怀激情地开始了记者的繁忙工作。我周围的男人总是让我每天努力工作,我也真的听话地坐在那里努力工作。可是有一天,我发现这其中的枯燥无聊。我不想把宝贵的有限的生命、精力和时间浪费在这样的工作上。我觉得我应该在我想写的时候才写我想写的东西。这样,我记录下来、表达出来的文字和我感觉到的、想要记录和表达的东西才能自然而然地汇聚成一条文字之河流过我的身体,被我诉诸笔端,成为一本又一本对我来说有独特意义的书。一想到我这样写出的书会被弃之于垃圾桶会让我感到一种悲哀。其实每个人都可以成为作家，只要他们坚持把自己生活中发生的事记录下来。但遗憾的是并非每个人都明白其生活中的重点。许多人会迷失于"我要去工作。我得七点从家出发，八点到达"这样普通、琐细、机械的物质事件之中，而对这些时间里发生的特别重要稍纵即逝的精神事件：观念、联合、念头、颜色、阴影等无暇顾及或者说不愿顾及。但就是这些被世俗的物质事件挤压得没有立足之地的飘忽的精神现象，被视为微不足道的小事，一次又一次地被忽略被无视，于是大多数人与作家这一身份越来越远，直至再无可能。而作家的书，正是对这些被大多数人无视的、有显性标记以外的东西的记录。

我是一个爱早起的人。我喜欢黎明散步，呼吸新鲜空气，写作。我认为话语是人类的一种声音，而不是传播信息的工具。我之所以坚持不懈地写作，是因为我相信我可以用属于我的独特的话语触摸一种独特的事实。我们每个人都有属于自己的话语系统，都可以构建属于自己的事实。但不是每个人都愿意从事写作，并坚持下来。对于我来说，问题在于怎样才能让我停止写作。有时，我真觉得自己辜负了生活，虚度了生命。因为我把生命中宝贵的光阴都用在了伏案疾书上。这种几乎与世隔绝的生活有时让我的内心充满了孤独，一种难以排遣也无法忍受的孤独。我时常觉得自己是"真正生活"的邻居，看着"真正生活"的场景，却从未真正地进入过那种正常的生活。

《副领事》的创作被证明是一段甜蜜的苦役。苦役般的感觉过后，我迎来了丰收的甘甜之果：该书被译为全世界的各种文字，被传阅、被保存。书中的这位副领事最终疯狂地射杀麻风病人、贫穷之人、狗和白人总督。他的枪指向了所有人除了劳拉·瓦莱丽·斯泰因。

这是我有生以来的第一本书。背景是在拉合尔，也可以说是柬埔寨，种植园，因为它形成一种无处不在的存在。小说伊始是一个被母亲赶出家门的怀有身孕的十五岁的姑娘在菩萨山区里漫无目的地流浪。我记得很清楚我是费了九牛二虎之力才找到了我从未到过的这座山。我在书桌上的地图上沿着讨饭者和小孩子们走过的路一路寻来。被母亲抛弃的孩子们两腿发软,目光暗淡,靠捡垃圾维持生活,不知他们还能坚持多久。后来的结局我已记忆模糊。这本书难度很大:没有惊天动地的事件造成的苦难,没有扣人心弦的故事情节环环相扣地探寻苦难的深度,这里有的只是饥饿及其带来的痛苦。

我相信杜拉斯用有感情与灵性的文字创造了一部部文学佳作,也成就了杜拉斯。我希望有一天杜拉斯作为生命个体消失于这个世界上的时候,杜拉斯这一个名字和她曾经创作的作品依然能够流传于世。

——《物质生活》《玛格丽特·杜拉斯的领地》

3.写作动机

道德是新闻写作必然要关涉的维度。所有的记者无可避免地是伦理学家。所谓记者就是一个每天用眼睛、用心观察这个永不停息地运转的世界并把它呈现出来以供世人重视、审视、反思的人。这项看似简单的工作需要超强的判断力。所谓客观冷静的报道其实完全是欺骗,是赤裸裸的谎言。也就是说没有客观的新闻写作,没有不带任何感情色彩、政治倾向的记者。过去没有,现在没有,将来亦不会有。

报纸上的新闻写作最重要的是即时、迅捷。写作总是应需要而产生。这种即时性会给作者一种紧迫感,从而导致一种带有主观情绪的匆匆而就之作。虽然我厌恶这种感觉,但这种感觉时不时来光顾我。当外面发生一些让我疯狂、促使我不得不冲到大街上的事件,抑或我无所事事之时,我会给报纸写文章。首先,这种有别于写书的写作可以让我跨出房间,了解外面新鲜的世界。写书时的我每天奋笔八小时之久,不写其他文章,不读报纸,不关注身边的风云变幻。而写这些应景、即时的文章使我暂时摆脱这种自我封闭的孤独状态,是一种调剂,让我可以更好地重返写作的最佳状态。再者,为报纸写文章,有时可能是因为我经济上的拮据,也可能是为了履行我的承诺,而这些文章稿酬不菲。如我曾为《法兰西观察家》和《解放报》写专栏,就不得不定期交稿。此外,也可能是我认为的最重要的原因是我对社会上的各种运动天生缺乏免疫力,容易被其裹挟着走,比如法国的抵抗运动、阿尔及利亚的独立浪潮、反政府运功、反军国主义运动。有时,像所有人一样,我也会为了遭受不公正的某一阶层、某一群人甚至某一个人发声,揭露造成他们的不公正的各种因素,为改善他们的处境而奔走呼号。我还会像人们评论自然的暴风雨和火灾一样去评判犯罪、丑闻、司法不作为等类似的事件,如《阿尔及利亚的鲜花》《奥朗什的纳迪娜》《垃圾箱和木板》等。

我写的有些文章是受外界影响,出于兴趣与心情欣欣然诉诸笔端的,也有些是为了生存下去而不得已而为之的。例如为《星座》写的文章,我署的是苔蕾丝·勒格朗——我姑妈的名字,这些文章如今已不知所踪。战争期间,我曾为赚到购买黑市上的黄油、香烟和咖啡的钱而为《年轻人》撰写连载文章,我记得我有一篇关于卡拉斯的文章,其稿酬维持了我一年的生计。

许多我写的文章我忘记了,但我写的书我却从来不会忘记。许多经历过的事我都遗忘了,但我童年的生存和那些凌驾于日常生活常识之上的事却留在了我的记忆中。我会对生活的过往漠然无知,但我的孩子却是我一直关注的对象。

这些大体上就是我的写作动机所在。可能还会有其他的纷纷杂杂的动机,就像所有的邂逅、友谊、爱情或悲剧故事一样千变万化。我自己从来不曾想过要将这些文章结集出版,是让-吕克·海尼、阿尔班·密歇尔出版社"名流丛书"负责人触动了我。如果我们只偏爱今天写的东西而将昨天写的东西束之高阁,那么现在就会变得苍白而无力,成为一种欺骗。

——《外面的世界·前言》

4.我的第一本小说

书里的孤独是普遍的世界性的孤独。这种具有很强的传染性的孤独疯狂地四处蔓延。这种悄无声息的不断扩张的孤独也是一种思想的方式,弥漫于写作中。那时的我处于孤独的包围之中但不是在孤单中写作,就像一只闭锁于大地之中的蝉在黑暗中无数次默默地爬梳着自己周围的泥土，忍受着苦役般的辛劳，努力向往着光明。这种状态下的我正在奋笔疾书我的第一本小说。

和迪奥尼斯相处期间，我一直在创作、修改我的第一本小说。我修改后让罗伯特看，他总是高度肯定；让迪奥尼斯看，他则多是批评。后来，这本《厚颜无耻的人》由布隆出版社出版，我在送给迪奥尼斯的这本书的环页上题词道：1943 年 4 月 21 日，赠予让我会蔑视这本书的迪奥尼斯。1963 年 3 月，在《现实》杂志里，我也曾谈过有关初次尝试写小说的经历：很糟糕，但无论如何，小说已诞生于世。我从未再读它。写出来的小说已成为一种独立存在的事实，我没有也不想再去打扰它。那时哪家出版社都不愿意要它。记得德诺埃尔出版社的人奉劝我说别做无用功了，你不是当作家的料。其实，我写这部小说主要是想摆脱少女时代的种种不愉快、难以忘怀的体验：大哥哥的邪恶，母亲对大哥偏执的爱、对我的漠不关心，向往着逃离家庭的少女对爱情的美好幻想及幻灭。所以我觉得那时的我应该把这本我人生的第一部小说藏在抽屉里，让它永不见天日。但那时只有二十四岁的我非常幼稚，于是就出版了《厚颜无耻的人》这本书。事实证明，这是一段甜蜜的苦役，苦役般的感觉过后，我迎来了丰收的甘甜之果：该书被译为全世界的多种文字，被传阅、被保存。

——《物质生活》

5.写作的领地：圣伯努瓦街

圣伯努瓦街五号是罗伯特和我的家。这里曾经有我的家庭相片，有似标本般干枯却美丽的花，有洁净照人的家具，有玫瑰花瓣的氤氲香气，这里简直就是我的一座私人博物馆。和这座房子的缘分源于在里普酒吧喝酒时与邻座作家贝蒂·费尔南德的闲谈。她说她所在的那栋楼里空出一套房子。于是我们就此简单聊了一下，她那让人无法拒绝的智慧让我们再次见了面。那套房子就在她家正上方，这套处于圣日耳曼-德普雷中心的小资产阶级的房子地势好，宽敞，价格也不贵，一下子就吸引住了我。而且买了这房子的我还可以同这对颇具魅力的费尔南德兹夫妇做邻居，简直是太好了。搬过来不久我们就从邻居升级为朋友。在战时非常时期，我们之间关系融洽、交往正常。

圣伯努瓦在 20 世纪 40 年代成为我们朋友轻松自由聚会讨论的场所。在这里，我们谈论时局，讨论司汤达、尼采、圣茹斯特，这里弥漫着友谊与自由的和谐气氛。战争期间，这里曾是抵抗组织成员的秘密藏身之地，战后这里成为许多法国知识界人士的精神之家。对于我个人来说，它是我一生创作的领地，在我的创作生涯中具有不可低估的作用。在这样的氛围中，两种生活却总是冲击着我：精神生活，回忆越来越沉重，反映着世界的痛苦；物质生活，我向往着富足的、美好的未来。我知道自己是个无政府主义者，追求从肉身到灵魂的自由，我喜欢海明威、康拉德、斯坦贝克。

圣伯努瓦街的生活是自由的。布勒东曾形象地称它为"玻璃屋"。 战后，圣伯努瓦街又恢复到了罗伯特·安泰尔姆流放前的欢快与好客，成为一个充满着轻松自由的处所，这里与萨特、波伏娃和加缪所在的波拿巴路不同，是一个词汇创新、思想迸发的自由地方。这里的人不那么学究气十足，我们喜欢朗诵诗歌，创作诗歌，喜欢探索灵魂的奥秘。大家聚集在一起：米歇尔·莱里斯、乔治·巴塔耶、埃德加·莫兰、亨利·米肖，自由地高谈阔论。这些人建立了马克思主义学习小组，常为了某个问题而争得不可开交，这是一种极端自由的结果，但很可能在这种思想急剧碰撞之中，一些固定的、僵化的东西就消解于无形。

圣伯努瓦街对于我来说是写作的领地。在这里，我有一间属于自己的私人领地。在那个套间里，我过着与世隔绝的生活，天天沉迷于对往事的回忆，写作。书是自动写成的，我只不过是个中介。从我自身的经历来说，房子是避难所，我们有了自己的房子，有了属于自己的空间，我们才能找到安全感和归属感。有了属于自己的空间后，我们的经历，不论是物质上的还是精神上的就有了储存的场所，通过这些留下我们记忆的场所我们可以唤回记忆，让我们曾经经历的人和事件复活，我们借此审视自己的灵魂。

在圣伯努瓦街,我尽心尽力地像母亲一样照顾罗伯特,保护他,让他渐渐远离了集中营那段梦魇般的生活及其带给他的身体上与精神上的伤害。与此同时,我也顾及迪奥尼斯的生活,我宁静有序地守护着两个男人的幸福。我迷恋罗伯特不是因为我爱他,这已不是爱情,但我确实因为他个人的独特魅力和我们曾经的点点滴滴迷恋他,这于我很重要。在我看来,罗伯特和迪奥尼斯对彼此也是不可或缺的:迪奥尼斯是罗伯特的救命恩人,罗伯特是迪奥尼斯的良师。我亲手点燃了他们的友谊之火,然后欣赏着这永远跳动的火焰。

1945 年秋,罗伯特和我依然生活在圣伯努瓦街,但有各自的房间。迪奥尼斯经常来看我们,但从不在此睡觉。这是段宁静美好的日子。和我住在一起的罗伯特给予我互相尊重、平等交流的稳定而持久的友谊,迪奥尼斯给予我的是爱情,不必在罗伯特面前遮遮掩掩的爱情。此外,这座房子里一周总有一两次宾朋盈门将其变为聚会狂欢之所。在即兴的音乐声中,大家喝啊、跳啊,疯狂至黎明,才恋恋不舍地回各自的家。

圣伯努瓦的门永远是敞开着的。我喜欢款待我的朋友,我的客人。这是一个友谊至上的地方,在这里可以畅所欲言。

——《写作》

6.为何写作

我一直认为作家的使命是倾诉灵魂的声音。作家有责任、有义务将处于这个时代的人们的声音尤其是那些遭受不公正对待的、生活变得不堪忍受的弱者的声音表达出来。这种表达对于这个时代,或者是未来时代的人都是有意义有价值的。

孤独虽然意味着死亡抑或书籍。但对于我来说,它首先意味着酒精。我常在睡觉之前喝酒。这样做是为了忘记我自己,忘记孤独的自己。喝完酒后,我感觉酒瞬时进入了我的血液,不大一会儿我就进入睡眠状态。这种感觉尚好,因为酒后的孤独令人抓狂,情不自禁地抓狂。而且心脏,急剧跳动的心脏也是令人不安的,孤独倍增。如果没有写书,我早就成了无可救药的酒鬼。在这酒精造成的迷失之中，我开始写作，用苍白的文字堆砌在一起成就了意义，一页又一页，篇幅渐渐增加，书慢慢有了眉目。一旦到了某个时刻，它瓜熟蒂落的时刻，它就大声要求着结尾，你就不得不听从它的要求赋予它一个结尾。你对书的尊重使你同书成为相伴而行的平等的旅伴。在写作的过程中，你和它得相伴而行。在你完成它之前，在它可以独立地摆脱你之前，你绝不能厌弃它，虽然它的相伴或许成为一种负担，你却不得不背负着它踽踽而行。于是有人说："我撕了我的手稿，全都扔了。"对此我是怀疑的，但自己有时也有这样的冲动。这意味着有时写作可以无限绵延，直至你无法容忍。

我的写作生涯始于十一岁，虽然写的只是几首关于这个我知之甚少的世界、关于我对一无所知的人生的稚嫩的看法。可是，我感受到强烈的写作的急迫性，却还没有力量做到。作家需要到第二本书的时候才能够弄清楚自己的写作方向。《抵挡太平洋的堤坝》《塔吉尼亚的小马》等之前的作品写得过于满，说得有些直白，没有给读者预留想象的空间。直到《琴声如诉》，我才渐渐找到写作的感觉。而《直布罗陀的水手》是我写作生涯中的分水岭，在某种程度上标志着我写作的成熟。《琴声如诉》和《广岛之恋》中的女主人公都是我，作为作者的我为小说中的激情所累，这让我在以后写作中的态度变得有些冷漠。1950 年出版的《抵挡太平洋的堤坝》是有关我少年时代的书，也是当时我最畅销的书。但由于涉及反殖民的政治话题，加之我的共产党员的身份，这本书注定无缘龚古尔文学奖。不过 1984 年，《情人》这本书让我荣膺此奖项。这本书也是关于殖民地穷人们的生活及他们为了生存而进行的挣扎，他们对财富的渴望与崇拜，追求金钱的不择手段。当时十五岁的我觉得自己应该找个亿万富翁来拯救我陷入经济泥淖的家庭：发大财美梦落空而精神萎靡不振的母亲、游手好闲有不良嗜好的大哥、没有自立能力的小哥哥、连件像样衣服和合适帽子也没有的我。让我无比欣慰的是我竟然邂逅了我梦寐以求的这样富有的一个人，但令我全家人失望的是他是一个黄种人。但对金钱的热望战胜了白种人的那份不值一文的自尊与优越感，全家人默许了我和他的交往,欣然接受他的邀请去西贡最豪华的餐厅吃喝玩乐,但在此过程中,家人不约而同地不搭理他。为了金钱和体面,他们接受他的盛邀,但他们忽视他的存在——虽然是他使他们不用为了温饱而变卖家什的。

有人告诉我:爱的主题是书畅销的保证。《情人》在法国就卖了一百五十万本,还被翻译成二十六国语言。这本书如此畅销是因为它之中蕴含着我每天写十个小时依然充满的那份愉悦与满足。读者看到题目一下子被吸引了,以为它是一本通俗的关于爱情的小说,但读着读着就被隐藏在语言浅层之下的深刻的思想内涵勾住了,不忍释卷,直至卒读。还有许多有心的读者会把它和《抵挡太平洋的堤坝》联系起来思考、挖掘。文本的力量正是来自这种未完成。我的工作方式——危机、悔恨、修改。可是我明明就天赋异禀,可以在一个礼拜内就写出一本书啊,跟我在课堂上写功课一样轻而易举。

只有写作能够平息——暂时地——重新侵入我生活的恐惧。恐惧成就了我献给扬·安德烈亚的一篇小说《蓝眼睛黑头发》(又译作《乌发碧眼》),它昭示着扬和我共同度过的一个时期,通过它我想彻底从记忆中拔出这段痛苦。在写这部小说的时期,我觉得我已经老了,像一头隐居在巢穴中的老狮子。《蓝眼睛黑头发》发表后,我在电台接受访问时说:我写的总是与自己有关的书。杜撰故事不是我的所为。我的很多书都是以我生命的历史为基础写的。书中的我是粗俗甚至是罪恶的。短暂却浸透了一切的欲望、白天、黑夜、话语、写作是存在的理由。我们终于开始怀疑爱情。这种怀疑会自然而然地产生就像不同的季节会自然而然地到来一样。通过《蓝眼睛黑头发》,我感觉到我成功地将扬捕获了。我把有关他的一切都固定在了纸上。他最秘不示人的癖好,他最习惯的姿势,他最疯狂的欲望,这一切都一览无余。他的性欲的对象不是我,准确地说不是女人,但他的故事是属于我的。他此时成了我写作的发动机。写他让我暂时地恢复了正常生活,让我可以耐心地等待某人或物,让我摆脱了那种贪得无厌的饥渴。这个让我须臾也离不开的男人,我和他经常一起喝酒。只有通过写作,只有在写作时,我和他才有故事。这就是我和他喝酒的原因,只有喝酒时我才能忘却我在面对他时的尴尬局面。曾经的我极富创造性,充满魅力,富有生命活力和幽默感,对生活充满热望,渴望爱与被爱。现在我是在用写作把他留在我身边。

　　　　——《物质生活》《杜拉斯谈杜拉斯——悬而未决的激情》

7.何为写作

　　历史上一直有关于写作的"灵感说"和"天才说"的喋喋不休的争论。从我自身的经历来看,写作既不是上帝赋予的天才的产物,也不是不可言说、玄之又玄的灵感降临,而是孜孜不倦的劳作,是一个开动脑筋遣词造句、谋篇布局、宣泄自我的复杂而繁重的过程。这一历程既平凡又富于挑战性,既是地狱又是天堂的创造性活动。而我相信我就是为此而生的。唯一要做的事就是写作。我写作的时候,会忘了所有意识形态、所有文化记忆。写作就是懂得抵制作品。我相信作家不是为了发出讯息给读者才写:作家写的时候眼里只有自己,只会想到如何打破之前的风格,每次都是再创新。

　　写作是一种顽强斗争。它是一种区别于生命本身又与其密不可分的原始的斗争。这种与时间一样古老、与时间同在的斗争缺乏体力是不行的。所以要写作必须要战胜自己,在体力上、在意志上、在精神上战胜自己,超越自己所创造的文字。尤其是你突然觉得周围的一切都和这种令人厌烦不已的写作扯上了关系,这种感觉可以使人疯狂。在一切都在写作,处处都是文字的迷失状态中,你认识多年的朋友你却面对面也从记忆深处打捞不起他/她来了,你一直在等待的与你素昧平生的人,却迟迟不肯露面也不知到底还来不来,何时才会来才会离去。我也被这种状态折磨得精疲力竭,这是一种难以言说的痛苦,这已悄然由一种痛苦演变为一种绝望。这种状态最刻骨铭心的一次经历是写有关拉合尔情人的生活的书——《副领事》。记得我用三年时间完成了它之后,我不能也不敢发表任何关于它的言论,唯恐这种侵入式的"客观的"意见会抹杀了它。人们有一种我认为是正确的想法:似乎只有自己能够写得出作品,不论它是有意义、有价值的抑或相反。我总是会对文中"它四不像"之类的言辞多加注意。这在某种程度上佐证了作者创作中的孤独。书里的孤独是遍及全世界的时时存在的孤独。这种孤独是可传染的。但这并不意味着是坏事。孤独是一种思维方式，仅限于日常所思所想，但没有了它你可能无所事事，也可能失去了生活的况味。写作中它也不可或缺。孤独常常与疯狂相伴。但人们往往看不见疯狂，只是偶尔能够预知它。当你痴迷地笔耕于白色的纸上时，周围的人或物都与你无形中隔绝，你已进入了一种孤独的状态，这种状态只能自我感知，不能言传于人。此时的你被闭锁于你正在写的书里，并在孤独地阅读它。这是一种信仰，虔诚的信仰，虔诚得你当时并不自知。只有脱离了这种疯狂的孤独状态，你才能回味其中的一二而已。无论在城市、村镇，还是在别处，作家都是孤独的人。他们无时无处不处于孤独之中。

有时，我也认为写作是未知数，这意味着写作之前你全然不知要写些什么，虽然你十分清醒。写作甚或不是思考，它是一种你具有的能力，只是属于你身边的另一个与你平行的隐形人，有思想亦有情绪，有时置自己于极度危险中而不顾。写作像一阵吹过的风，光秃秃的只剩下墨水和诉诸笔下的文字。书写完了，得交稿了，就是不得不离开它。这可以说是对书的一种遗弃，你从此不知道它命运中的欢喜与悲忧。此时的书是一本书，但我也相信它不再仅仅是一本书。人们以为写作是一件很容易的事。但事实恰好相反，写作就像下地狱。总体来说，人们不知道这些。于是，写作就成为一项秘密的活动。这样很好。

翻译其实就是写作。在我的脑海中，纷繁芜杂的念头如泉水般涌现，让我应接不暇，我需要时间将其厘清、翻译出来。我觉得自己越来越像个译者，只是把内心的东西翻译出来，而不是语言形式或思想的创造者。我写作只是为了降低我的重要性把我写进书里，使书能够代替我的重要性。这样才能成功地推介我自己。我成功地达到了我的目的：我出版的越多，我自己的存在就越微不足道。写作的时候，似乎有某种本能在支配着我。写作并非是由潜在的一种存在状态向实在的存在状态的转化或者是过渡。它是一种在不知不觉的沉睡过程中,经过某种神秘的、本能的有机筛选,对已然存在的和你想象的某种情景进行文字的转译。正是这种转译使得之前不为人知、不可理解的东西成为文字上可以为人知、为人们阅读从而被理解的东西。写作就是这样一种叙述之中的转译。在写《情人》的过程中,我就已有这种感觉,文本中所叙述的一切一直存在在那里,但它对于他人来说是一种隔离的存在。而我的写作使这些本已存在、本是属于我的、为我所独有的东西,在文本这一介入方式下转化为一种流畅的写作,这种写作犹如酗酒之人的话语让你觉得清晰而又简单。其间,也会有小小的阻碍,突然间,我感觉到卡在某个地方,不知怎么表达,怎么落笔,仿佛某种空白突然出现在那里。但不大一会儿,当一个或几个合适的词突然出现,将文本衔接起来,一切便犹如缓缓的河流一样蜿蜒向前。写作并不是在清晰明了中进行的,相反它是在一片混沌的黑暗中摸索前行的。常常是你要有所表达的,但困难在于找不到合适的相应的词语。

童年经历的创伤理论上不能成为作品的助产士,但这种创伤性的记忆像噩梦一样不断重复出现,久而久之,就会形成一个令人痛苦却纠缠不休的想象世界。这些梦魔般的体验必须找到适合它们的宣泄渠道,否则被萦绕的人就可能疯掉。在我的书里反复出现的女乞丐是确有此人的。她曾到过我们越南南部的家,当时她带着一个实际上两岁但看上去只有六个月大的婴儿。我们收养了这个可怜的婴儿,但她没活多久。而女乞丐逃跑了好几次,都被追了回来,不过最终,她还是成功逃走了。但逃走的她一直萦绕了我数年,我的作品中有许多类似疯女人的形象:嘟嘟囔囔的女疯子、遗弃孩子又被遗弃的女乞丐、歇斯底里的女人、爱得痴狂的女人……这些女人在我的笔下,摇曳着,颤抖着,挣扎在疯狂的深渊的边缘。"我怕极了,我呼救,但是我叫不出声。大概是在八岁的时候,我听到她那尖利的笑声,还有她快乐的呼叫,她肯定是在拿我取乐。回想起来,中心就是关于这样一种恐惧的记忆。即便说这种恐惧已超出我的理解、超出我的力量,即便这样也还不够"。我一直在努力驱除成为我的梦魔的一个模糊的人物形象。这个不可名状的人物可能是一个女疯子，是一个瘟疫般的疯狂感染者，在到处传播着疯狂，我一生都生活在疯掉的恐惧里。对疯狂的恐惧在我的生活里和我如影随形，既是我与之苦苦缠斗的敌人也是我生活中相伴相生的密友。"成为自己疯狂的对象，却始终不是个疯子，这大概是一种非常美妙的不幸。"我在《绿眼睛》中写道。

写作是一种拯救。我的身心经历了 1968 年的"五月风暴"之后陷入了一种无边的幻灭的深渊，我以为自己会在这绝望的深渊中越陷越深，直至毁灭。但写作再次将我从这种心灰意懒的沉沦中拯救出来。当我再次执笔写作之时，我感觉我再次获得了新生，看到了生活的希望之光。《毁灭，她说》便是此时创作的，它不能算作小说，但是我内心绝望的产物。

写作是一种只有女性才能创造的艺术性的沉默。我也应邀就女性的智慧或能力的问题谈谈我的看法。我是不善于讲话的，但写作却与此完全不一样。原因之一在于人们早已厌倦了纯理论的话语，而且这次谈话还是关于女性的器质性的话语。这方面男人在理论上早已迅速地悄无声息地进行了初步的探索。在我的书里，我给沉默留了一个很大的位置，但沉默却很难被倾听。因为男人几乎让沉默归于不能被听见的沉寂，只有女人才能让人听到沉默，体味沉默，理解沉默。泰雷丝·普朗蒂埃在她的一本诗集的序言中说："如果有一个疯子的话，那一定是女人。"可能缘于此吧，许多人在女人和疯子之间建立了某种只可意会不可言传的联系。但我进一步认为不仅女人而且不满五岁的孩子都是不折不扣的疯子，这样说不是说女人是一个孩子，而是说女人在离一切违法行为越近的时候就离疯狂越近。在女人和男人的关系中，女人很容易将发生的事情归因于自己并谴责自己。在内心的阴影里，对自我进行着蛊惑，在我写作的范畴里，我看懂发生过的一切。我拿起笔和纸，试图通过一种平常的没有感情色彩的语言去表达模糊得难以言表的东西。通过这种称之为写作的东西，我慢慢驱逐内心的阴影，这种曾让我在过去的生活中保持着身体的、精神的微妙平衡的阴影，从整个内心中升起的一个自我，在外面做着我应该在内心做的事情。我在犹豫之中不断削减着内心的阴影，不断改善着、收复着我内心中曾经属于我的心灵空间。在写作中，我想象着滥杀无辜是恢复秩序，到处抹黑是创造光明。明亮的光线终于照射进了他们的内心，驱除其中的阴影代之以耀眼的灿烂阳光。只有疯子才什么都写，才随性随心地写。任何人都比一个作家更丰富、更神秘、更难以捉摸不透，而任何女人都比一个男人更细腻、更敏感、更难以真正懂得。从这个意义上来说也许只有女性才能写作。一个男人要想写作，要想成为作家，就必须也成为女人。这是毋庸置疑的，虽然会在人心中唤起一种蒙泰朗式的恐惧。

——《话多的女人》《杜拉斯谈杜拉斯——悬而未决的激情》《情人》

8.我笔下的大海

我的童年是在大海边度过的，我曾无数次在海边的沙滩上玩耍，也曾无数次聆听大海如脉搏跳动般的声音，也亲眼看见认为人可以与自然斗争的母亲与大海战斗的结果。大海令我感到恐怖，这是世界上最令我恐惧的东西。我可怕的梦魇总与海浪有关，我梦见自己被海水淹没了。

特鲁维尔是我 1963 年买的一座海边公寓。它现在取代了诺弗勒城堡和巴黎的圣伯努瓦街五号成为了我的家。在特鲁维尔，西方的大海第一次呈现于我的面前，这是个只有风和浪潮的野性十足的地方。在特鲁维尔，我时常观察大海。失眠的黑夜，大海让我感到恐怖。它无处不在，无边无际地向我翻涌过来，从我身边卷走了一切。退潮后的大海在这广袤的沙滩上留下了黏糊糊的海藻和贝壳，还有它的泡沫。

我是在特鲁维尔与扬见面的。我喜欢特鲁维尔灰色的夏天，也喜欢它明丽的秋天。在特鲁维尔，我更爱关门闭户，切断电话，我不愿在这里等待任何人。诺弗勒城堡和特鲁维尔的海边公寓先后成了我写作的实验场所。我总是在夜晚走进写作领地，肆无忌惮地寻找着内心的影子，在这些写作的专属场所，我从喧嚣的世界退隐，抛却任何写作指南，信心十足地绘制属于自己的写作地图。

在特鲁维尔，有大海边一望无垠的沙滩，湿润的带有浓郁的大海气息的空气,令人恐惧的风暴的声音,让人遐想无边的灰色的波浪。我在大海上写。我想和大海合为一体。夜幕笼罩之时我倾听着大海的声音,开始喝酒。多年来,我独自一人居住在这所大海涛声中的房子里。所有的人都已为找到静谧的处所生活而渐渐离去,只有对大海既恐惧又迷恋的我还固执地留在这座海边的住所里。

我有时候会想,我全部的书写就是于焉而生、源自水、稻田、丛林、寂寞。那个瘦巴巴又神经兮兮的孩子的童年,白人女童过客,比起法国人来更像是个越南人。从没有人对一直都很瘦小的我说我很可爱。我们家没有镜子可以照。我一直在不断地追忆童年时越南的风景,那里的阳光,那里的阴雨,那里的颜色,那里的味道,那里的生活……越南,我的故土,我回忆的港湾,我写作的摇篮。我的回忆如电光石火,如此强烈、强烈到非笔墨能形容。司汤达说得对:"童年是无止境的。"倏忽间,极其粗暴地,我生命中前十二年所经历的种种,不知不觉地就回来找我。我整个重新活过一遍,苦痛、恐惧、阴暗的丛林、恒河、湄公河、老虎,还有在路边挤成一团、准备去取水的麻风病患者,他们把我给吓坏了。我心想:我的老家已经展开报复了……十二岁的时候,我觉得写出来似乎是唯一的方法。

——《玛格丽特·杜拉斯的领地》《话语的痴迷》《杜拉斯谈杜拉斯——悬而未决的激情》

9.苍蝇之死——一种独特的书写

有一件事,我曾讲给和我拍电影的米歇尔·波尔特。这件事发生时,我正独自一个人待在那个被称作食物贮藏室的小房子里。许久的静默中,我蓦然间在离我不远的地方的白墙上看见一只垂死挣扎的苍蝇。于是我坐在地上,一动不动地观察它。偌大的空间里,我在盯着一只粘在墙上的苍蝇,一只我们从小就讨厌之极、给这个世界带来瘟疫和霍乱的苍蝇。它努力想摆脱墙对它的控制,但花园里的潮气帮助墙上的沙子和水泥将它牢牢粘住。它徒劳地挣扎了十到十五分钟就不动了。过了一会儿,我发现它竟依然一息尚存,于是希望再次看到它的挣扎,看到它为重新生活的希望做最后的努力。

我的在场某种程度上更凸显了它死亡的残酷。但我仍在那里,为了亲眼看见死亡是如何一步步地攫住这只苍蝇的,想要看看这只苍蝇的死亡源于何处:外面,后墙,地面抑或我这个一直观察苍蝇即将进入永恒轨道的旁观者。后来,我说了一句"你在发疯"便走开了,没有看到它的最终结局。

米歇尔·波尔特到了以后,我守着那个地方对她说有只苍蝇在三点二十分时死在那里。她大笑,我微笑。苍蝇的死亡是一种向世界末日不断靠近的历程中的死亡,无形中拓宽了长眠的疆域。我们看见一条死去的狗或马,可能会产生一种怜悯之情,但对于苍蝇,我们不会,至少大多数人都不会。但我不但产生而且记录了这一情感。这具有非常重要的历史意义,可以无限延展的意义。我想到了犹太人。此刻的我仍像战争早期一样地用尽全身的力量仇恨德国。战争中,每每看到街上的德国人,我就有一种想要杀了他的强烈冲动。幻想杀死一个德国人对于我来说就是一种难以言说的愉悦。苍蝇死亡时刻的精确性在一定程度上让人联想到其与人的共存性,与殖民地民族,与世界上为数众多的陌生人群,与处于孤独中的人们。我目睹了苍蝇的死亡,伴随着缓慢的、真实的、难以忍受的恐惧的死亡。它能感知死亡降临时全身慢慢变冷直至僵硬的过程的可怕,但它知道,能面对,也不得不面对。但我认为许多人们不会说这只苍蝇,这位蝇后,黑色与蓝色的蝇后存在过。它独自经历了恐怖的时刻,死亡的时刻,这意味着结束的时刻或许也意味着重生的起点,在别的星球,别的不为我们所知的地方。

在我们的周围,一切都在书写自己的生活,苍蝇也在写,在墙上,大厅里,在不知名的角角落落里,苍蝇在不懈地书写属于它们自己的文字。我们不能够认识、破译这种独特的文字,但或许在不远的将来,人们能够辨识它、破译它。一个新的文字领域展延开来。这些书写恰如世界各处的书写。被疯狂包围的布朗肖在写,逃避自由、疯狂思想的巴塔耶也在写,大家都在写。我无法解释。

——《写作》

四、艺术主张

1.女性审美视角看世界

人们总是为拍电影而寻找地方,其实有许多地方等着摄影机的镜头。被动性是一个被贬低、被蔑视的词汇。当人们说话的目的不是为了让别人听到而是为了让别人不能听到, 这种话语就具有了一种被动性的巨大力量。如果用这种被动性反对一切蠢事、一切统治者、甚或一切人的话,世界将会变成什么样子?《恒河女人》里的声音是被动的,他们从不干预也没有一个人干预。男人始终处于一种对女人世界的不理解之中,他们和她们处于两个相互隔绝的世界。虽然两个女人之间的关系可以融洽得像一种液体那样融合在一起。两个女人之间也很难存在一种爱情的、或者说是情欲的关系。

《恒河女人》上映时,许多男人把影片中同一个地方两种女人的活动看成是女人在动物园里的一种放纵,它对他们还是产生了不可估量的影响。他们从中看到了他们离开后在女人世界里发生的事情。在这里,女人们被封闭于一个名叫房子的容器里,处于同一种液体之中。在这样一个专属于女人的空间里,电影展示了一些浓妆艳抹的女人、略施粉黛的女人、有女人味的女人。这是一些具有官能的女性特征的为男人服务的女人。她们是一群被男人爱,被男人观看,被男人仰慕或抛弃的女人。通过让她们去熨衣服、洗碗碟,一些不曾被表现得出来的东西被凸显了出来,这种突破了表现习惯的东西的表达是一种独具匠心的审美选择。它表现了女人的任务是被贬值。

在通常的电影中,正在打电话的男人出现在他的办公室里、事务所里,而女人则常在她的狭小客厅里百无聊赖。我就是要从女人的私生活和社会生活来表现女人。我觉得这是我在生活中能够感受到却在电影里首次被表现的女人的私生活和社会生活。伊萨贝尔·格朗瑞在听收音机时她的女友抱着一些枯树枝出现在玻璃窗后面,还有她们费时四分钟洗碗碟,这些看似很简单实则复杂的家务活动。但在这种被动性和日常的家务活动下潜藏着某种东西。这种东西日积月累地聚集终于导致了影片最后的粗暴行为:伊萨贝尔·格朗瑞极其平静地撕毁了一切。这种平静的粗暴行为绝不会是一个男人所有的行为,如果他真这样做了,人们会认为他疯了。一个男人也绝不会像她们那样去聆听旅行推销员说话。他们会把他拒之门外。在这里,一个女人完全居住在一个地方,她的存在可以充满她所在的地方,而一个男人则只是穿过而不是真正地像女人一样居住于一个地方。例如当伊萨贝尔·格朗瑞出现在一个房间里,手上满是孩子们的活儿的她就充满了整个房间。换言之,是她创造了这个房间,让她具有了独特性和充实感。把女人的这种创造性在电影里表现出来对我而言是一种极致的幸福。

当听到离开影院的人们对我说这部影片还可以延续两个小时,我意识到自以为在谈论影片的他们实际上是在谈论女人。这就是我在影片中表现的我认为可以持续整个一生的东西。这种东西是普通的、平凡的,每日都发生千百万遍和几十亿遍的日常琐事,人们对此熟视无睹地不屑于表现它,而我匠心独具地表现了它。由此,人们发现了他们熟悉的女人的习惯。而且关于女人他们还有很多东西需要去了解。归根结底,我一点儿也不在乎观众的嘴脸。而今,他们都懂得我在做什么了。现在已没有观众抱怨说洗碗碟的时间太长了。因为他们完全懂了我赋予事物的意义,连我不让电影明星吕西娅·博斯和让娜·莫罗"表演",而是表现她们的后背,甚至有十分钟展示了她们的手,她们都为此理解,我深感高兴。不过,也只有她们这样的大明星才会对独特的、夸张的角色迅速感兴趣并欣然接受。我曾对人们说过:"你们等着看,我谈论女人的时候会做些什么,可能我做的恰恰就是我应该做的。"

电影似乎有一种普遍存在的魔幻效应让我们身临其境地去体验电影生活。电影是很奇怪的。你把摄影机置于那里,表面上什么也未发生,但在电影里这就具有了某种魔幻的效果,似乎有人即将从这条路上走来,这种魔幻的感觉令人颇感恐怖。但在拍摄电影的过程中,我时常将我所经历所耳闻目睹的一切记录、翻译出来,我让生活进入了电影。在此过程中,我也逐渐找到了词语与电影画面之间神秘的默契与差异。

在我的电影和写作作品中,水流、湖水、海洋中潜藏着一种黑色的力量,就像我电影中一直涌动着的黑色画面。这样的黑色或隐或现地存在于我的电影中和我的书中,我认为黑色是所有颜色中最深沉的色彩。它意味着光明的缺失,是一种令人恐怖的颜色。在我书中的黑色我称之为内在的影子,而这才是生命力之所在。对我而言,我在电影和书中追求的是同样的东西——说白了就是一种消遣而已。这是我几乎自始至终不变地追求的东西。《大西洋的男人》是我首次用黑色拍摄的影片,影片中弥漫着一种无边无际的恐慌。

《恒河女人》最后变成了剪辑——影片中的主要东西。画面成为一种差强人意的支架,而声音则契合了这种危机,这里的画面和声音仿佛来自另一部影片。这被我巧妙地移植到另一部影片上。当画面被圆满地剪辑好的时候,如果影片被画面充满,没有任何空白的话,表达危机的声音便不会自然地融入电影之中。这对我而言是一笔不菲的财富。我拍过的最贫乏的影片只有两千个镜头。完成这样影片的拍摄,我没有丝毫满足感,只感到沮丧。这是努力之后、花了大把的钱之后达到的一种一切都被阐明了的窒息状态。一切都被堵塞了,窒息了。但声音能让我想象到飞翔于岩石间的鸟儿,水里或海里的堆堆石头。声音于是在岩石间穿过、流动,我称之为声音的影片。这种影片是存在着画面与声音致命撞击的影片。

我的影片里是一个崩溃了的世界。那里没有个人的欲望,没有空白。旅人来了发生了一个故事,他参与了这个故事与它融为一体。接下来,影片里又出现了空白。电影里的事件是无限绵延的,它可以随意融进一个故事。可能生活也是这样:参与其中某个故事,或许还是他人的故事,让自己被这个故事裹挟着四处游荡。这是一种最令人渴望之极的劫持:劫持别人,也被别人劫持。这是在生活中绝不会发生的事情。这是一种断裂和空白的时刻。但这种时刻存在于所有人身上,只不过有隐藏得深或浅的区分而已。从本质上来说,这或许是一种欲望或是一种对快感的追求。这似乎与任何天堂无关,而是关乎每个人的处境,一个从他到他的境遇。在《直布罗陀海峡的水手》中,人们可能还会认为天堂是存在的——当那个女人认识水手的时候,她用尽所有的碎片拼凑了一个所谓的天堂。或许自始至终都是一个幻觉中的而非现实中的天堂。这个痴心于爱情的女人相信人们都找不到的那个水手是存在的,她要找到他。当她经历与无数男人的做爱之后因为他们不是他而抛弃他们的失望与绝望之后,她已意识到她找不到他,但她依然相信他的存在。于是,她把他看作是一个可望而不可即的人。在她心中,他就是代表上帝的人,这不是像戈诺斥责的那样是什么浪漫主义之作,而是深深地植根于现实的作品。

《爱情》里只有一个女人,一个生病的女人。这是一个多余的人,确切地说是对于某个人来说她是一个多余的人,事实上,所有的人在某种程度上都是多余的人。在《爱情》和《副领事》里都有一个怀着孩子的多余的女人。

——《外面的世界》《话多的女人》

2.不能为艺术而艺术

1964 年,德莱耶的《热尔特吕德》,电影史上的杰作之一,在巴黎仅上映了八天就被评论界封杀、雪藏了。而相信评论界的你们就是罪魁祸首。知道这些已太迟了。《奥通》,让-玛丽·斯特罗布的第五部也是最后一部电影将于 1 月 13 日在巴黎上映。可能放映十五天。之所以这样说是因为如果"票房"不理想,《奥通》会更快、更早地离开你们。注意!评论界很难对之做出公允的评价。他们压根不可能了解斯特罗布的工作计划——因为他们不会认可这样一种电影,一种纯文本的智慧。我们谈论《奥通》的唯一理由是避免它遭受和《热尔特吕德》同样的命运。

我,玛格丽特·杜拉斯,知道《奥通》是从 1708 年它就沉睡于其中的坟墓中发掘出来的,是斯特罗布发现了它,唤醒了它,使它恢复了生机。透过它,我看见了鲁昂的那个愤怒的男人在与权力的斗争之中仍然艰难地写。而它因为将权力及其固有的内部矛盾暴露于舞台上,因而只于 1682 年至 1708 年间在法兰西剧院演了三十场便销声匿迹了。而对这些知之甚少的我向来以为,高乃依、莎士比亚、拉辛都在历史长河中昏睡于我们称之为文化的陈词滥调中,再也不会为我们所闻所见。当我看到《奥通》时,它鲜明强烈的主题使我忘记了高乃依,也忘记了斯特罗布。这是我第一次有此感觉。

一部佳作,不论它艰涩难懂还是简洁明晰,都会因使文本优先阻隔了读者和作品的联系而成为一场恐怖的灾难。作品文本是封闭的,观众也是封闭的,斯特罗布打开了这两扇紧闭的大门。高乃依的观众不喜欢《奥通》从所有陈规中挣脱出来拥有的那份自由。而斯特罗布恰恰用不把文本说出来、使文本始终保持一种内在阅读的状态,给予了观众这份自由。而这恰恰就是斯特罗布的《奥通》的晦涩之处,又是其魅力所在。

在此,文本成为一种辩证的呈现,有着内在的节律,是封闭的、保存完整的空间。这与我们接触的现在似乎是为了开口说话而且要言之有物的戏剧形成一种对照。在这里,除了法兰西剧院的意义粉饰下、权力粉饰下的声音,一切声音都获准演奏。在这里,背景以话语为准则,古典主义悲剧的仪式、夸张的动作悄然遁形,所有出现的一切都是有意义的。意义的普遍性得到再现。斯特罗布逆时间之流而上找到了高乃依。换言之,斯特罗布再现或激活了高乃依的颠覆性的潜力。人们误解了《奥通》整整三百年。现在,一个从里到外弥散着颠覆性的电影《奥通》已然完成。我们可以在距罗马六十九米处的帕拉坦峰看见它。这是空间的也是时间的高度。围绕着舞台的现代罗马车河的静静流动悄然变奏为一种纯天然的熔岩之河的流动。我们听见了这种强烈的流动。那在阅读文本时,是否听不见这种流动呢?可能我听不见的原因在于我们没有与文本一起去听。没有不具有时间性的神圣空间。如果我们现在还不读高乃依,那就永远不要再去读他。权力在高乃依那里像车河一样被揭露。拉克斯像所有时代的统治者都曾说的那样:"只做我们有把握之事,其他的都一笑而过。对我们有所诋毁的公众就不是好东西。只想着我们自己,为自己而活吧。"在这权力之毒的弥漫之下,有一个仍在读高乃依的自由人:他就是斯特罗布。

我们大家来冒个险吧,没有经过许可便冲进电影院。我们该制定自己的标准了,让我们只相信存在的、已有许多人相信的、非官方非学术的评论。一看到电影海报或节目预告上有评论禁止我们看的德莱耶或斯特罗布的大名就冲进影院。禁止成为我们看的理由。

——《物质生活》

3.我为何做电影?

最近写作的情况不尽如人意,这不但让我尴尬不已,更让我心生恐惧。我已不再年轻,我孤身一人,我必须生活下去。我不愿在童年时代曾深味过的贫苦中走完我的人生历程。为了不让童年时代的困苦生活在我的生活中重演。我要尽一切可能地为自己抗争。我不愿做圣女,也没有人是圣女,对拍电影的热情是我此时对我心灵的安慰,也是我为生活而进行的斗争。我也认为拍电影和写作是一回事,可以在某种程度上使写作陷入困境的我减轻或摆脱焦虑和恐惧的困扰。但两者同是一种令人厌恶的状态。不过,与写作不同的是,拍电影时我不再是一个人而是和小组一起工作。写作使我过着苦行僧似的生活,却没有妨碍我参加各项活动。然而,我一直处在边缘,而且我不是一个人,我们有好多人,孤独地进行写作的一群人。我们无可选择——虽然我们对于这一切心怀恐惧。这已不是一种选择、一种态度,而是成了一种出自本能的行为。不管怎么说对我而言,写作不是一种职业,而是一种被迫的行为。我希望能够做些其他实际的工作,让自己疲惫得不能去也没有时间和精力去想,去写作。于是我想拍电影,把它作为一种挑战。

我再也不愿意为他人作嫁衣了。过去,我因为种种原因把自己创作的文本版权转让给其他导演。他们不能领会我的创作本意,为了赚钱把我的作品改得面目全非。我早已不愿再为别的导演写电影脚本,根据这些脚本拍出来的电影已远离了我的创作意图。我要亲自来做电影。我再也不能容忍别人把我的小说改编成电影。他们都背叛了我的小说,而且背叛到了一种难以想象的地步。所以我真不想让他们把由我的小说改编成的电影拍成那样。如果让我在银幕上诠释自己的作品,我是不会让小说的读者和电影的观众失望的。对待自己的作品,我有很大的自由度,而且我也能恰到好处地把握好这种自由的限度,这是其他的改编者所不能做到的。这些改编者畏首畏尾,表现得太忠实于小说了。但作为小说作者的我,可为电影改编许多幕的场景, 这些场景依然和小说有同样的或者至少是相似的精神,这才是改编成电影的过程中对小说的风格的忠实。

文本本身具有朦胧的图像,在我看来,写作能包含一切,包括电影。单独的一个词就能涵盖一切画面。词语具有画面所不具备的独特的繁殖能力。拍小说完全是徒劳无功的。没有一部电影可以充分地表达小说里的内容。电影只不过是小说的电影版的表达。有些东西看似是环视一切的摄影机无法统摄的。这些东西藏于我们的内心,存在于书的字里行间。所以在我拍的电影中,我用声音读出的评述可以与我们所看到的画面大相径庭。我们可以说画面仅仅是一种变幻无穷的词汇所引起的混乱的工具。其实拍电影的这种新形式的尝试只不过是我希望将词语本身的印记深植于观众的内心而已。因此,文本可以改编成电影,但电影不能再回归到文本,不能回归文本潜在的诸多可能性,也不能再无限地增加图像。

在拍摄《印度之歌》的过程中,我曾进行过一种技术性的尝试。电影里没有人的面容,只能听见演员们的声音。我曾认为拍电影是让人听的,而不是让人看的。我拍电影是为了抓住词语的意义和话语的回响。这是杜拉斯式的创造,意在通过摧毁完成对整个电影叙述手法的反动。我对自己说我没有到达或走向电影的不毛之地。我肩负起了完成摧毁的艰巨任务,却没有找到摧毁的意义。该影片在 1976 年上映后,迎来普遍好评,评论界也欣赏这种感性的摄影方法。许多杜拉斯迷也感受到了这部电影的有趣之处。我一直认为《印度之歌》是我最重要的一部电影,我只是觉得当时应该更大胆更激进一些将这种摧毁进行得再深入一些,因为在我看来,真正的摧毁应该将自己杀死。

在拍电影的过程中,我发现自己原来也是一个颇有天分的经纪人。我几乎想拍什么就能拍成什么,而且达到了无可取代的地步。我通常十一二天就能完成影片拍摄,最花费时间的《毁灭,她说》用了十四天。所以拍电影对我而言既令我疲劳之极,又让我热情洋溢。那是一种难以想象的紧张而又充实的状态。生活于那种狂热激情的我曾说过:"我制作电影,因为我不知道怎么才能什么也不干。"干活是生命的象征,希望的象征。我不信任职业,但我信任工作。职业从根本上来说是外部强加于人的。我还记得拍《恒河女人》时,最后摄影师和我都疲惫得产生了幻觉。在我拍的电影中,贫乏成为一种表演手法,朴实无华是情节的特征。我觉得过去制片商靠我赚钱的日子一去不复返了,我可以靠杜拉斯赚得金钱和名声。我把我写的书拍成电影,用画面的形式将其固定下来,有时也会把电影脚本改编成书。有人说这是复制,而不是创造。我也有同感,尤其是在拍电影时,我总是认为电影称不上是一种表达方式,也为自己不能再重新投入写作而深感遗憾。虽然拍电影不是我理想的叙述方式,但它确实给我一种存在感。我有我欣赏的演员,但我有时又觉得他们难以忍受。我其实只是需要通过他们将我内心的声音、我的思想传递给观众,让观众传播并延续我的思想。

我觉得我有时写出来的东西太粗糙,太有棱角,太令人筋疲力尽,太危险了。但写作的欲望折磨着我,难以控制。对于我来说,写作就像是危机。我拼尽全力与其抗争。这种无可逃避像脱缰的野马一样不受控制的写作常让我内心充满恐惧。我曾多次说到写作的危险。我现在是在开拓一片荒地,我得让我笔下的人物来此居住,而且是定居。为此,我把这些任务视为真实存在的人一样接近他们，走进他们的内心世界，在创造这些人物的诺弗勒城堡的房间里，让他们具有活生生的、真实的人的躯体和灵魂。我享受与他们相处的日子，真的，当我写作时，我感觉周围的一切都崩溃了，连词语似乎都挟带着毒药。书写的过程，就像是下毒的过程。我觉得我应该停止写作。于是，我决定远离写作，逃避这种一直纠结于内心的疯狂。我曾枉费心机地躲进了电影院，希望能摆脱写作带给我的谵妄。

对于我来说，电影只是一种生理上的需要，而不是美学意义上的选择。我的内心一直在不停地说。我的声音，我的人物不断地说。我将通过电影这种方式把内心想要表达的东西、想要说的话语从体内彻底驱逐出来。我在电影拍摄小组这个临时构建的集体中找到了一种让我的灵感降临的方式。同时，我的儿子已十八岁了。他几乎不看我的书，他喜欢的是电影。如果我做电影，他将会是我拍摄小组的一员。因此，做电影是我接近儿子的一种方式。我的电影可以说是以家庭为单位拍摄的，迪奥尼斯·马斯科罗是我最欣赏的演员之一，儿子乌塔是影视制作助手或摄影师。这种电影拍摄方式更多的是一种创造和分享生命的方式。随着电影的渐次拍摄，我逐渐构建了一种以我的道德观念为原则、以我的语言为内核的部落精神。这是一种不计报酬的拼命工作，和我一起为我存在着的奇特组合的部落。这更像是一种互相合作、相互依赖的给人一种温馨与安全感的家庭关系。和这群比我小三十到四十岁的年轻人在一起，我似乎找到了一种不同于圣伯努瓦街的知识分子圈的集体生活方式。这个集体相处更为和谐，更富创造力。在经历了1968年事件带来的失望与萎靡之后，我又找了那群以我为中心、崇拜我的人，他们是给予我信心与力量的生力军。自以为是世界性的杜拉斯，天才的杜拉斯，在文学界我没有家庭，可在电影界有。

拍电影于我一直是一种探寻真理的途径，是一种弗洛伊德式的精神剖析的一种手段，一种文本与精神持续不断交流、更新的碰撞时刻。事实上，我曾经可以说对指导演员和摄影一无所知，但我在学习中弥补了自身的欠缺，甚至还发现了电影尚未探索的新领域。但满腔热情的我对此却没有丝毫畏惧，我是在拍摄电影的过程中才慢慢搞清楚自己究竟要拍什么，要怎么拍。很多人都觉得我这个电影业余爱好者在谈论电影时自己都不知自己在说些什么。我则认为所有的人都可以谈论电影。电影就在那里，我们做了，因为我们常会产生做电影的欲望。而做电影就像开车一样无须任何天赋。我是在拍摄实践中摸索学习的。但就是在这种边实践边学习的过程中，我发现自己还确实有一些做电影的天分。在拍摄现场，我似乎成了另外一个全新的自己，我不断有新的想法、新的思路。我拍摄的电影是重现大量曾经经历的事情或关于记忆的真实性的呈现。这件经历或事实曾经存在、发生，但不知什么时候已经被新的事件掩藏、覆盖。现在通过拍电影突然奇迹般地得以再现。我也利用电影回顾我的革命历程。在这方面，我反对资本主义。电影把处于社会边缘的我和革命活动联结了起来。我通过电影杂志、电台的谈话节目谴责和抨击一些东西。

在修改《阿邦·萨巴那和大卫》的过程中，我加入了犹太教教义的内容。我认为犹太人是完全按照自己的存在来感知时间的。他们对自己的捍卫是一种政治思想。他们评判这个世界，他们不再忍受，于是他们从这个世界里解脱了。未来世界的犹太人成为这部电影的主题。通过拍电影，我只是停留在这里等待外界向我走来。我蜷缩在诺弗勒，等待着我作品中的女主人公的造访：劳儿、塔蒂亚娜、女乞丐、安娜-玛丽·斯特雷泰尔。曾经我对她们的到来与离开拥有主动权，但渐渐地她们如幽灵般徘徊于诺弗勒，不再离去。而我常常独自几个小时地枯坐于二楼卧室窗下的写字台前，漫无目标地让眼睛留恋于池塘、森林与房子之间。

诺弗勒曾是家庭电影《娜塔丽·格朗热》的拍摄地。在这里，我能深切体味影片中女主人公的那份四周弥散开来的无边的孤独。她就像一只孤独而慵懒的猫退缩在这座孤寂的房子里。但这种被孤独慢慢包围的感觉正是她心向往之的感觉。房子本身总是让人产生某种焦虑。在我们的日常生活中，我们随便步入一个地方，都会不由自主地产生一种害怕或焦虑之感：在此如何才能生活下去？

我为了拍电影而写作，为了写作而拍电影。诺弗勒似乎是属于我自己的。但事实并非如此。经常会有一群鬼魅深夜造访诺弗勒，我已无法控制她们的声音，我被她们萦绕着，我觉得自己会发狂的。安娜-玛丽·斯特雷泰尔是最为顽固的一个。她指着要我给她一种存在感，我只好给了她想要的。我怀着欣赏、恐惧与厌恶的复杂情感将她拍进了电影。这位长久沉于历史长河中的女人重新展示了她的美丽与魅力。皮肤光洁白嫩的她敏捷灵巧如一只小鹿，但暗哑的嗓音和疲惫的目光显示她经历了世事沧桑。她是恒河女子，也是《印度之歌》里的舞女，也是加尔各答荒漠里的盗墓者。我在这次和她的携手之旅中成全了她。作为法国驻印度大使的夫人，她曾努力维护内心的那份优雅，但随着她的死去这份曾经的优雅湮没于一种无边无际的沉寂之中。她呐喊着要求重现这份优雅，不管以什么样的方式。之后，我觉得自己找到了不受这些鬼魅困扰的途径，我便停不下来了，我要把她们统统打发走。

我喜欢声音，各种各样的声音。电影对于我来说最主要的特色之一就是可以释放声音。最令我难忘的是副领事由于日积月累的痛苦而发出的那种怒吼，那种能穿透我们灵魂的声音。于是拍电影成了我写作的那种孤独的焦虑得以释放的渠道。在我的电影摄制小组中，我暂时地找到了一种安全感。于是我开始做电影，虽然我内心有一种堕落的感觉，一种谈论我自己没弄明白的事情的羞愧之情。通过与电影的亲密接触，我渐渐改变了对电影的看法。曾经，我认为拍电影比写作简单得多，容易得多。但在拍了我认为我最成功的电影《卡车》之后，我意识到拍电影和写作之间本身毫无差别，差别在于拍电影的人和写书的人。再后来，我又觉得在电影中我能更多地与自己相遇，能加进去更多的主观性的东西，而认为电影在某种程度上更复杂化。相比之下，写作因服从一种绝对要求的需要而潜藏着危险。电影是物质的，可以诠释激情；而书是精神的，它就是激情本身。因此，电影从根本上来说是物质材料累积的结果，是一种技术和精神操作的物理过程产生的结果，而写作是一种具有技巧和精神操作的具有创造性的化学过程。但这并不意味着电影的美学价值就次于写作。电影是用声音、画面、动作呈现美的理想方式，是我们可以通过打开与关闭来接近美、欣赏美的神秘方式。但那些将我的小说改编为电影的人让我一次又一次地失望了，于是我开始自己改编自己的小说，将其拍成电影。我不想再忍受，也不能再忍受别人对我小说的种种背叛。在将近十年里我尝试过不同格调的电影：传统叙事型的、颂歌型的、实验电影、记录后型的、哲学对话型的、喜剧型的。除此之外，我还拍过只有声音、文本和黑色的没有画面的电影。这是我对电影的实验式的创新。毋庸置疑，对于我来说拍电影是一种写作方式，是一种将内心想要表达或呈现的东西用画面的形式而不是用文本翻译出来的一种写作方式。电影从某种意义上来说是写作之外的另外一种让我战胜自我、超越自我的方式。从此以后，我用第三人称谈论我自己，我称自己为杜拉斯。

《卡车》《印度之歌》《萨瓦纳海湾》《英国情人》这些电影中的主人公都共有的一个特征是灵魂的疲惫和宁静的绝望。这些人物的塑造是为了缓解我内心的恐惧。我是个城里人，我不想在晚年时忍受我年轻时曾经忍受过的那种噬骨的孤独，我要寻求一种方式能让年轻人围绕在我的周围，驱除那份随着将至的老年而来的那种孤独，同时，我也想找回曾经让我无比享受和自豪的昔日圣伯努瓦街弥漫的那种自由和谐的氛围。

拍电影是为了证明我的存在。《副领事》的写作将我的文字才思榨取得所剩无几。在写作它的过程中，我前所未有地没有了巨大的写作计划。曾经认为不会削减的创作欲望现在大不如从前。我决定将小说《毁灭，她说》拍成电影。从小说出版开始，我用大约一个星期的时间完成了电影脚本的创作。我终于将自己的想法变为拍电影的实践。我首次真正独立地拍成了自己的第一部电影，从监制导演、脚本创作、对话乃至预算。拍电影时，大家一起快乐地工作，齐心协力做事情，这真是一种极大的幸福。与之相比，孤独的创作简直就是一种自虐式的坏习惯。拍《罗马对话》时，我已陷入和扬的无可救药的爱情之中。孤独与绝望中的我已没有了具体的想法和所谓的脚本。我于是想到了转向电影，觉得再没有比镜头更能让我舒适的东西了。

电影也将一些出色的女演员带到了我身边如：苔尔芬娜·美丽娜、让娜·莫罗，我和她们成了好友。让娜·莫罗在拍电影的过程中常被当作物来对待。她常在电视上抱怨导演们对待女演员的方式是难以想象的、可怕的事情。我喜欢用镜头展示她们的优美曼妙的身姿,独具特色的声音,富于变幻的表情,千变万化的感情。我沉醉于她们呈现的富有艺术特色的魅力。我爱上了她们,对于我来说,电影成为一种激发爱情的艺术。我用镜头记录美,欣赏美,将美定格于历史的瞬间。

——《话语的痴迷》

4.文本与电影的纠葛——以《卡车》为例

在拍摄《卡车》的过程中,我意识到我找到了一种作者和演员合一的独特的电影形式。在这种电影形式中,我发现了话语和书写的对应关系。我不再处于写作的匮乏状态,借助这种形式的电影,我又开始写作了。这是我第一次置逻辑于九霄云外。我随自己而去,而后我开始因此而失眠。我觉得自己说的是一派胡言乱语,后来才觉得自己奔着所有方向去了。通过这部电影我不管不顾地表达了我的政治观点,表示我既不属于左派也不属于右派,也不再在乎别人说我是反动派。我也宣称自己已不再相信革命这一概念,我唯一寄予希望的就是乌托邦。

《卡车》这部电影不只建立在说话这一基础之上,还有一个人在读,另一个人在听。公路上前行着的卡车形成一幅画面。《卡车》不是一部戏剧,因此不能够被演出,但它能够被阅读,而且只能被阅读不能够再表现,如若如此的话,那它就变成另外一部电影了。《卡车》是否有导演、是否有剪辑我不知道,但我知道它有谋篇布局。在连续的展示中,一部作品需要被记录、被演出来,而《卡车》是被读出来的,这形构了《卡车》的不定之处。我不知道发生了什么,我凭着感觉去做,一般意义上的演出消解于无形,《卡车》只是呈现了阅读本身。而那辆与自身永远相符的卡车,成为一个恒定的因子,它似乎永不停止地穿过银屏,一次又一次。

《卡车》恰如我写作的流程。写作的内容写于纸上之前,我们是可以听见的,这意味着我们先听到我们写作的内容,才会将它们龙行于纸上。我一直认为这是最接近内心的写作方式。而诉诸笔端、纸上的过程再加上第三方对文字的阐述就建构出了演出这一形式。但这在《卡车》里似乎都荡然无存。我们没有自上而下静静地等待文字之花的渐次绽放,相反,我们通过朗诵自下而上地攀爬到了一个文字尚不可名状的地方。在我们的生活中,有些言语会突然莫名其妙地出现了,后来又悄然消逝了。我们对此只能束手无策。这些言语从出现到消失有一个过程,这是它们供人使用、自我展示的一个转瞬即逝的瞬间。《卡车》就是这样一些言语或文字,我在它们尚未出现消失的瞬间以迅雷不及掩耳之势捕捉到了它们。只有我知道它们的出现,将它们记录了下来,再没有人听到过它们——在我朗诵出它们之前。对于我来说,这是一次刺激的冒险。这是《卡车》的独特之处,也是其危险之处。

《卡车》这一文本的许多地方都是不确定的、可替换的。这是很重要的。我允许自己随时替换我想要替换的一切。电影是在它完成拍摄时定型的,这是一个一边呈现、一边续写的过程。这就是《卡车》因为事先没有定型,时时刻刻处在危险边缘,处在一种我自己都无法把握的要戛然而止的危险的边缘。这是一种极大的挑战,但这挑战对热拉尔·德帕迪厄和我来说是一种自由,一种由我们来决定其何时中止的自由,但最终这一重担由影片中的卡车司机来承担。他和那位通过他回答观众问题的女人的消失不但使影片受到了欢迎,而且这也是这部影片最让戛纳电影节惊异之处。卡车的驾驶室就是电影院,在此,观众、电影、女人和司机都闭门不出。

关于《卡车》里谁在说话? 我认为应该是对文本负责的导演和演员,而不是作者。完成的文本被文字固定了下来。此间,没有人翻译它,也没有人知道它可以抵达的边界。作者不可能把文本传达给导演和演员,导演和演员只是理解、翻译文本。一个文本被演出时离作者最远。我拍摄自己的作品时,对这种感觉是深有体会的,人物都是演员提议的:但不是他们本人来扮演。仅有的例外是《印度之歌》里德尔菲娜·赛里格表演的不是安娜-玛丽·斯特莱代尔,而是她自己不为人知、不为已知的另一面。她把这一角色作为文字中表现的完整的安娜-玛丽·斯特莱代尔的一种反射去表演,而不是作为需要填补的一片空白去表演。在其他大多数时候,我觉得我失去了我的作品。这种感觉让我甚是绝望。文字作品中的那种模糊的、多义的不确定性和偶然性无形中丧失了,而且悄然被置换成了一种确定的、最后的宣告。我一直被这种始料不及的转换或者置换所困扰,因为作品中的迷惘与不确定性消失不见了。很大程度上是因为这个原因我才拍摄了没有演员、没有配音导演、只有一种内在的朗读的《卡车》。所以对《卡车》的拒绝是一种对文本的朗读和文本本身彻彻底底的拒绝。

一般来说,演员演戏时是在代表别人。从这个意义上来说,演员和政客都是代表,他们不再是他们自己,他们是推销某种商品的推销员。因而一个一流的演员或政客,就是一个一流的推销员,他是其所推销的商品的最成功的代言人。因此,电影和政治一样本质上都是一种演出,大多数情况下是取悦于人的。

——《物质生活》《外面的世界》

5.我与新小说——流动的书写

《情人》中谈到流逝的时间已使我遗忘了母亲的肌肤之香,模糊了她眼睛的色彩,失却了有关她声音的记忆。所以有关母亲的一切才能够毫无顾忌地肆意挥洒于笔端,似乎母亲已成为流动的文体。后来,我又在别的场合提及的流动的文体意味着不加选择、不予区分地带着一切事物向前克服一切障碍流动的河流。在这种流动中一切事物的罪孽亦被冲刷殆尽。这里主要指的是洗刷哥哥、母亲、令人憎恶的不公平的殖民主义者的河流。我喜欢河流,尤其是曾经熟悉、美丽的湄公河,所以我把我的文体也写成像流水一样洋洋洒洒的文体。在这种流动的文体之中,隐藏于内心深处的桩桩往事、羞于启齿的一幕幕场景与心态,都被汪洋恣肆地倾泻到纸上。这就是我,来评判我的生活吧!

流动的书写在我看来指一种急于抓住某种东西但不急于表达出来,而是以一种几近漫不经心的书写在奔流。这是一种字词的分水岭,而这种书写就奔流于这种字词的分水岭上,既书写得快又不至于迷失。这种方式在字词中呈现出来的既不强调也不解释的一个个东西,如《情人》中对热带丛林、深藏的欲望、蓝色天空和对我的哥哥尤其是母亲的描述是我运用这种书写的佳境。

——《杜拉斯谈杜拉斯——悬而未决的激情》

6.我与戏剧

在《抵挡太平洋的堤坝》即将被勒内·克雷芒拍成电影时,我认为相对于电影,我更寄希望于戏剧。对我来说,电影只是一种娱乐,与艺术相去甚远;它是一种生产而不是真正意义上的创造。相比之下,戏剧在很大程度上是一种高风险的经济赌注。它有一种带有旧时代印记的富有牺牲精神的庄严与崇高。

对我而言,只有悲剧才是名副其实的戏剧。《萨瓦纳海湾》是一部悲剧,而我认为《蓓蕾尼斯》是戏剧的最高典范。罗伯特·普拉泰的布景无形中诠释了亘古不变的、永恒的内涵,而剧院就应该是激情的展现地,就应该通过舞台表现展示人们看不见的东西。其实,从这个意义上来说,戏剧就是一种亘古弥新的祭祀的仪式,它通过有形的表演把激情献祭给了一个古老而原始的空间。在此过程中,冒着生命危险表演的演员们所塑造的人物对于世俗的观众来说是一个个难解之谜。在剧院,剧本中的一切似乎都可以通过演员们的激情表演呈现给观众,但演员们最应该展示给观众的是他们建构的看不见的东西。我们知道,哪怕是演员阅读如《蓝眼睛黑头发》这样的一本书,也只是静静地读。这是仅用声音表达书中的文本意义,不会用身势语去表达文本中体现出来的那种肉体的或精神的痛苦或悲伤。因为言语一旦化为富有情感色彩的快慢起伏的声音,戏剧所要表达的情感便已完全寄寓其中,形体的那种笨拙的移动、表达便已显得多余。

这些才是戏剧对于观众来说经久不息的魅力所在。在《萨瓦纳海湾》中,八十三岁将自己和文本完美融合的玛德莱娜就将一份王者般威严的衰老、将那份生命面对死亡的顽强不屈的毅力,逼真地呈现在观众面前。

我打算今年冬天离家去外面写戏剧。这种戏剧与传统的以演出为目的的剧种不同,是供阅读的戏剧。供阅读的戏剧的效果来自于文本,准确地说是来自于有深度的、有血有肉的独特文本的自我呈现。这是我一直思索的有关喜剧的理想模式。虽然我知道,一直都知道,戏剧确实不是为阅读而生的,所以这种思索仅停留于思想的层面。但这种彻底的、清晰确定的思索却未停止。

我的第一部戏剧《街心花园》于 1956 年 9 月 17 日在香榭丽舍剧院上演。女人写的剧本自 1900 年起就未被搬上法兰西戏剧院的舞台。这样的情形已发生在维拉尔的国家人民剧院、奥德翁剧院、维勒班、柏林剧院和斯特雷勒的米兰小剧院。而后,过了一段时间巴洛尔剧团演出我和萨罗特的剧本才打破了这一局面。几乎与此同时,乔治·桑的作品也登上了巴黎一些剧院的舞台。这无疑是好的开端。曾经在 20 世纪 70、80、90 年代的巴黎甚至整个欧洲,女人的剧作都是泥牛入海的。这种我注意到的情形在我的周围确确实实在相当长的时间里存在着。我注意到了,我观察着。直到有一天,路易·巴罗尔的一封信不期而至。信中他问我能否把名为《林中的日子》的小说改编成剧本以供演出。我答应了。但意想不到的是改编本审查时被拒,直到 1965 年才终于成功上演。但在众多的评论中,没有一位评论家指出, 这是长达一个世纪以来在法国剧院的舞台上上演的出自女人之手的第一部剧作。

——《物质生活》《外面的世界》

7.龚古尔文学奖的失与得

我一直认为《抵挡太平洋的堤坝》是我很重要的一本书,不仅因为我借此获得公众认可,而且因为我借它说出了那份积郁心中已久的对不公正的控诉。母亲谴责法国在印度殖民地的官员:"我给了你们我的一切,我牺牲了我自己就是为了让我的孩子前途光明, 但你们却把钱赚走了——怎么会这样?怎么竟有人以掠夺穷人为职业?而且竟然神不知鬼不觉地就做了这样的恶事?但你们做了这样的恶事竟然不会受到惩罚。我们都是最终要死的,我们都一样是人。"我曾犹豫再三要不要保留这段母亲对殖民地官员的谴责，因为这些信不仅控诉了殖民地官员的腐化堕落，还在某种程度上谴责了一个民族、一个国家及其政策。但这是事实，是童年时期我家经历的事实，我决定将其保留，尽管这种粗暴让人难以忍受，但我已无法让这种粗暴消失。这种粗暴在我童年时期一直困扰着我。母亲甚至说希望有场大屠杀，把这些剥夺了她的希望和普雷诺普平原上农民的希望的人一概杀掉。虽然我、我的母亲、我的哥哥因此受到了惩罚，我也因此与龚古尔文学奖擦肩而过，但我也不遗憾，我丝毫不畏惧因揭露真相而遭受的惩罚。有人说我母亲遭遇了这种不公正，我就应该为这种不公正缄默不言。我不这样认为。曾经如此相信殖民主义的种种美化的宣传，并身体力行地响应了这种号召，却遭到如此不公正地对待和讥讽，这对于个人、对于家庭、甚至对于国家来说都是不可磨灭的耻辱。关于这本书我遗憾的是，我特意为受到不公正背叛的母亲创作了这本小说，母亲却把它误认为揭露家庭丑闻的故事。可能有些人因为这部作品而感到羞耻。对我来说已无所谓，我已没有什么可以失去。体面么？我早已不顾忌了，我把它写出来早已说明我已决定冒这个险，早已将体面置之一旁不管不顾了。我自己觉得我已战胜了这一切。对于我来说，更为重要的是让离世的母亲消失于她自己的厚重之中，超越自己的奇特之处，让她在自己的灰烬中凤凰涅槃般地重生。

《情人》于1984年首次出版后获得读者压倒性的追捧，掀起了一股抢购浪潮。这本书最初命名为《街上的爱情》《情人的小说》或《情人的重演》，最终确定了现在的名字《情人》。我创作这部小说是由于中国情人的死唤起了我对他的回忆，对我们之间那段爱情的回忆。但更为深层的原因还是和我的创作历程有关。我相信一位作家的创作历程和人生历程有着很大的相似性。人生要历经孩童、青年、中年、老年的过程。作家的创作也会跨越籍籍无名、被社会认可、创作高峰期、低谷的阶段。这或许也是作家的宿命，然而每个作家都试图或者说努力地保持或延续自己创作的辉煌时期。这时作家就会寻找创作的激情与源泉。而我写有关我爱情的过往，或许出于此目的吧！

1984年初秋,巴黎的人们就纷纷开始谈论今年的龚古尔文学奖得主会是谁。《情人》赫然荣登入选作品之首。人们谈论得越多关注得越多,我越是会想起三十多年前《抵挡太平洋的堤坝》的那次落选。但《情人》不到两个月业已畅销二十万册的纪录着实在法国文学史上无人能敌。子夜出版社的老板纪尧姆·林冬有一天打电话说龚古尔文学奖的评委之一、著名作家米歇尔·杜尔尼向他要《情人》这本书。当林冬告诉他子夜出版社从来不寄书给任何文学奖的评委后,杜尔尼竟自己到书店买了一本《情人》。一口气读完后,他对这本书评价甚高,只是担心玛格丽特是否会因三十多年前的那次不公正待遇拒绝该奖项。电话中,我未置可否,只是反问道:普鲁斯特不是也曾获得此奖项么? 我认为目前的问题只是在于评论界没有把我的书当成一回事儿。在一个作者的一生中,有时批评会失去它的作用。我的意思是批评不再发挥它应有的作用,因为即使它想说些什么却已不知从何说起。批评从这意义上来说已毫无用处。

我对评论界一直持有嘲讽的态度。评论界讨好我,我会向他们吐唾沫;评论界不理我,我会觉得有点儿失落,但也会觉得很安心。我可不愿费神去区分他们的评论是善意的还是恶意的。我可以直言不讳地说,评论只对新手才有意义。我很抱歉评论界的人还来观看我的戏。直到如今,我仍在竭力忍受戏剧评论。天知道从事评论这一职业的人还挺多,而且评论界的批评还是墨守四十年前的那种老掉牙的标准。他们的标准就是永远顾忌自己的荣誉。

1950年,真正有实力获得龚古尔奖的《抵挡太平洋的堤坝》被拒之门外。龚古尔奖对于我来说像是一只熟得过了头的水果,有了一种发酵的味道。所以当别人沸沸扬扬地谈论着龚古尔文学奖、谈论着玛格丽特时,我悄无声息地和扬离开巴黎到特鲁维尔度假去了。我只想静静地等待一切自然而然的降临。谁又能真正地摆脱世俗世界中的功名利禄的诱惑呢?

写作使我为人所知,受人尊重,使我比其他所有女人都独具魅力,但也使我成为男人们企图谋杀的对象。二十多年来所有的批评家都想扼杀我,只因为我是一个政治与文学双栖的女人。时至今日,人们还只是能容忍女人写文风柔和的专栏和书信集这类与现实相关的、安全系数高的文学。这就是我从未得过一个文学奖的原因。但我获得了让·科克托电影奖，所以我不无讽刺意味地炫了一把：看看，这是我首次拿奖！可能现在我要靠追忆逝去的时光获奖了，因为我现在写的都是有关过去的事情，这是挺荒谬可笑的。获奖对于我这样专职写作的作家是有很大助益的，尤其是在经济上。

11月12日，龚古尔文学奖的主席弗朗索瓦·努里希尔终于将该奖项授予我的《情人》。在这本书如火如荼受到好评之时，其又荣膺法国最具权威性的文学奖——龚古尔文学奖。《情人》获得了龚古尔文学奖，我只是觉得它没有找到拒绝颁奖给我的理由。自从左派上了台，人们对很多人和事都有了新的行为、新的态度，以前不敢把此奖颁发给我的他们现在敢了。我获得此奖除了我个人的实至名归外，密特朗也功不可没。所有人都想模仿他随意率性的样子，想怎么做就怎么做，所有曾经和龚古尔奖一样受到严密保护的领域都变得开放而包容了。这本书的成功还在于它涉及了一些大众谈资如酗酒、性爱、让人为之困惑迷恋的殖民主义等。11月26日，热罗姆·兰登和我在勒诺·巴罗剧院举行了一次招待会。在这个昔日我已无数次出入的地方，一群知名演员和不知名的杜拉斯迷向我不断献吻，双手放在胸前。我戴着闪耀着五彩光芒的戒指坐在那里，像一位威严的女王。曾经籍籍无名地在文学这片土地上辛勤耕耘数载的我终于获得了成功的喜悦，少女时代的那些不堪回首的痛苦也随之烟消云散。此后，我只相信我自己构建的传奇。早已习惯于用第三人称谈论自己的我现在更加幽默或自恋地称自己为"那个杜拉斯"。

这次获奖竟也招致了评论界的反对之声：龚古尔文学奖是为新晋作家而设的，如今却颁给了一位"有资格获诺贝尔文学奖"的七十岁的女作家。但这种不合时宜的反对之声却为本已炙手可热的《情人》火上浇油，从而成就了"杜拉斯现象"。龚古尔文学奖的获得也让我终于如释重负，该奖项的授予意味着我生活于其中数年的法国文化终于接纳了我。虽然他们依然认为我就是那位成长于法属殖民地的少女，但我也是现在的、文学的玛格丽特,是他们认可的纯正的法国作家。虽然该奖项使我成为公众关注的焦点,但我也没有打算去巴黎参加那些盛大的庆祝。打电话贺喜我的纪尧姆·林冬在电话里非常平静地说:对于这样出人意料的结果,我们总不会像庆祝 7 月 14 日的国庆日那样去庆祝吧,我想您一定和我想的一样。我同意他的话。我只是在特维鲁尔的黑岩旅馆和扬、女友玛丽娅娜·阿尔芳一起简单地庆祝了一下。没有香槟,没有记者,连往日的朋友也没有,这就是我喜欢、我选择的庆祝方式。

此时的我在想,那些曾经对我的作品和本人进行批判甚至攻击、如今却笑脸对我的人有几个是真心实意的呢? 这个法国最高文学奖的光环,使我突然间失去了我的"敌人",当然他们可能仅仅是敢于对名人评头论足之人,也可能是一些对我恶意攻击的人,他们的转变让我失去"敌人"的同时失去了自我,反而让我有些不自在、不适应。我暗暗地在内心告诫自己,不要因为这个耀眼的光环失去自己、藏起真实的自己。

想想这真是荒谬之极! 三十多年前《抵挡太平洋的堤坝》招致了人们对我在政治上和文学上的斥责,今天在《情人》中,我只是把苏珊娜公开地认同为我自己,然而期待着更多的讽刺与攻击的我却收获了一致的称赞,这着实让我迷惑了。我不喜欢这种没有理性的狂热与不真实。我过去曾经因为越南的那段过往而受到嘲笑与攻击,遭遇不公正的对待。在我渴求理解与公正之时,我遭受的是痛彻心扉的冷遇。当我终于接受现实远离名利之时, 一夜之间我又声名鹊起。我希望在这种让我迷惑的转变中找到自我,保持自我。

我虽然成了声名鹊起的作家,还荣膺了龚古尔奖,拥有了百万家财,书也销售得越来越顺利。但不知怎的,我还是像个胆小懦弱的小姑娘,总是内心惴惴不安,充满了不安定之感。我的生命是与写作息息相关的,我高兴之时写作,我伤心之时也写作。有时我心生恐惧担心自己在写完稿之前便会撒手人寰。由于这种潜在的恐惧,每次见到邻居兼女友米歇尔·芒索,我们都像以往一样谈起最有意义的事情——写作。读书,除了书,还是书。

每当我的书出版，我就对能不能得到评论家和读者的认可而犹疑不定。书刚寄给评论家的一两天，我便会在焦灼不安中给评论家打电话问询有关书的情况，但很多次这样的问询得到的总是令人痛苦的负面评价。我之所以很关注书的前途与命运，因为它和我的经济利益息息相关。写作是我唯一的职业，也是我唯一的经济来源。我对钱的强烈需求一生从未改变过。也从未真正地满足过。

——《写作》《物质生活》《伊甸影院》

8.作家的虚与实

我厌恶别人说我"写"了很多有关故事的书，许多人把《情人》当作我的真实生活故事来读，这是对我的极大误解。事实上，或许我想要的并不是他们的这种承认，我真正渴望的是真正意义上的祝圣。因为他们不知道写作很大程度上是与讲述故事南辕北辙的。《情人》的成功使我意识到"真实的故事"才是开启成功之门的金钥匙，所以我不再向读者徒劳地辩解《情人》是虚构而不是自传了。

我生命的故事并不存在，我并不是为了叙述自己的故事才写的。写作剥夺了我生命中剩下的一切，让我远离人群，我无法再分辨我笔下的生活和我真实经历的生活。在我看来《情人》的主题不是众多读者所认为的中国情人，不是爱情，而是写作。这是一种我探索了许久而选定的一种写作方式，这是一种摆脱了道德束缚的写作。这种写作是一种回顾过去、澄清过去、与自己平静和解的一种方式。写作并不是描述真实的现实或者表达作者对人物的看法，而是从所缺的环节将现实重新连接在一起。写作让我能够摆脱当时那种恶心的感觉，平复了我那种被母亲当作商品出卖的耻辱，美化了我和情人之间的关系。《情人》如此地成功，有人想一次买好几本，销量之快之高成了当时社会的一道风景，也是出版史上的一道风景。在圣日耳曼-德普雷街上，许多人模仿我的衣着打扮：围脖、无袖背心、小靴子。真是有些尴尬。我沉寂了十年，现在竟然又产生了一系列的反射现象。

回想起来，我的生命中有两个少女和一个我。两个少女分别是《抵挡太平洋的堤坝》和《情人》里的,而一个我则是家庭照片里的我。最后一本书《艾米莉·L》的事情我虽未亲眼看见,但确实叙述的是生活中曾经发生过的真实事件。这些事件我是以特殊事例来叙述的。写作的时机或许已一去不复返了,但写作过程中经受的曲折、痛苦却会不时地从记忆深入浮现于我现实的生活、思绪之中。痛苦和感情一样,只会有时潜入记忆的深处,或者为新的痛苦或感情日益深厚地覆盖,却不会改变或者消失,它们就在某个不知名的地方。《情人》或《痛苦》中的感情随着岁月的流逝依然灼热,依然在读到、想到、回味时猎猎跳动,如在昨日。有时,我不知不觉中就被我书中的人物裹挟到不知什么地方去了,只是觉得自己恍惚中讲了一个不可能真实的虚无缥缈的故事,就像《艾米莉·L》中的那个女人和那位同性恋者之间捉摸不定的故事一样。爱情故事是永远可能的,即使它在某些人眼中是不合情理的。

写作虚假的东西,哪怕是稍微虚假的东西,便会使我写作的效果大打折扣。为此,我唯有调整至最佳的感情状态,全力以赴地对待这本书。在写作的过程中,我也让该发生的情况自然而然地发生,让它们真实地呈现自己,毫无保留地暴露自己。有人说写作达到一定的程度,便会不管不顾地徘徊于某一扇紧闭的门前,难以进入更高的层次或境界了。但我似乎还没有遭遇这种写作的瓶颈。我有许多思想,这使我在写作方面可以畅通无阻,体现我思想的获奖小说便是明证。我还处于历史的大背景中,恰如我潜于深不可测的海里,对爱情、对人的野蛮化方面的描述对于我来说虽然意义重大,但我做得还不够。其实我也不知道该怎么做。每天体验的事情并非都是每天发生的事。而每天发生的事却是当天最为重要的事。如果哪天没有事情发生,这本身就是值得深思的事情。

我熟悉资产阶级女人的生活,我了解她们百无聊赖的下午,更知悉她们陷于黑暗的时刻和她们对生活的希望。但这些女人在我笔下只是被我表现出来,没有丝毫道德说教的口吻。有人出于战斗癖指责我的《娜塔丽·格朗热》中格朗热一家居于一栋资产阶级的宅邸里而不是一处低租金房屋里。后来我思索了这个问题,我确实不知道同样的情景发生于低租金房屋里该怎样描写。即使我知道我也不会将其置于低租金房子里来写——因为我不了解低租金住房里的生活。我不能撒谎。所以我把这种娜塔丽·格朗热不是生活在低租金房子里的指责斥为政治上的愚蠢。况且我也认为描写资产阶级宅邸里的妇女的郁闷和描写低租金房屋里妇女的郁闷一样是有意义的。同样，也有人指责我把《印度之歌》的背景设置在大使馆里面而忽视它是个千疮百孔的麻风病肆虐的地方。但是在我眼里，加尔各答的饥饿与贫穷造成的可怕要甚于疾病造成的麻风病人的惨状。

我的作品中不断重复出现的话题是：爱情、文学、从未消逝的犹太人大屠杀的痛苦、恐惧与欢娱混杂的童年。有人宣称不喜欢自己的书，如果这类人真存在的话，那只不过是因为他们尚未战胜羞耻感。我喜欢我的书，因为我书中的人物就是我生活中的人物。我喜欢自己。我总是从我到我，这是一种自恋。不仅如此，我喜欢自己写作的一切。

有时，我想人们用粗暴的方式指责我总比用什么反应都没有的沉默悄然将我扼杀掉好吧！况且又不是全世界的人都不接受我，还是有许多人或者说相当多的人读懂了我的书、理解了我所做的事情。我是莫名其妙地出名的，不是因为我的书，也不是在全世界范围内，而是在我的周围的小圈子里，而且通常是因为一些让我觉得不可思议莫名其妙的事情。这些事情可能给人的感觉不是很好，但是我本真性情的流露，比如我头发理得很短，穿着从 1982 年夏天开始就穿的男士羊毛衫、直筒裙和差不多一年到头都穿着一件羊皮里大衣，我爱抽吉塔纳牌烟，我有酗酒的习惯，等等。他们就是因为这样一些事情知道了我，从而对接近我的作品产生了某种莫名的恐惧。我更深深地知道我是以一种另类的方式激起了人们对女人的厌恶之情。我的书在多数人眼里是地地道道的革命的先锋派的书，里面充斥着的那种革命思想和对女人的看法是他们难以接受难以容忍的。另外一个更深层的原因在于过去人们虽然见识过许多事情、许多运动，但不是通过一个女人来完成这种见识的。同时，一般来说指控只是针对社会的而不是性和女人的。换言之，指控社会是可以的。这就像人们都厌恶战争抗拒战争，但事实是，在所有关于战争的电影中都隐含着对战争的隐秘崇拜。有些作家笔下的那些关心、拒斥社会的人体现了他们内心的那种难以言表、无法释怀的怀旧情绪。这样一群仍受怀旧情绪困扰的作家的写作虽然同是反对一个社会的核心架构,但他们使用的语言不会摧毁这个社会,而使用同样语言的我却可以具有摧毁这个社会的无穷能量。之所以如此是因为无论在哪里,对社会有极强洞察力的我都能敏锐地感觉到社会腐败的气息,可能这是我的一种幻觉,但当我把这种恐怖的现象用我独特的、消解性的语言诉诸我的笔下时,在人们心中激起的是成千上万倍的恐惧之感。

——《写作》《话语的痴迷》

五、书与作家

1.孤独与我

诺弗勒城堡是孤独之所在。但在这里并非所有的人都感受得到孤独，或被孤独感染。对我而言，孤独不是自我生长的，是我创造的，我能创造属于我的孤独。在诺弗勒，我独自一个人，待在那里，独自一个人开启了我的写作之旅。我爱上了诺弗勒，我将自己封闭在这座房子里。在此，我写出了我的书。

我保留着写前几本书时的那份孤独，可以说，我随时随地携带着它——我的写作，不论我去巴黎、纽约，还是去特鲁维尔。在特鲁维尔，我让劳拉、瓦莱里、施泰因发狂，也是在特鲁维尔，扬·安德烈亚·斯太奈的名字闪现在我的眼前，挥之不去。

写作中孤独不可或缺，失却了写作式的孤独的写作要么不得不中断，要么徒劳无功地去寻找写作的灵感。致力于写作的人应该与周围的人形成某种程度的绝缘。这就形成了一种孤独，一种作者应有的孤独，抑或是作品的孤独。笔在纸上沙沙划过时，你会惊奇于周围的静默是不是为了让你醉心享受这份笔行走于纸张上的沙沙声。不论明亮的白天抑或是漆黑的暗夜里，你在房间里独自踱步时亦能感受这份静谧——周围环境的幽静、内心的宁静，形成一种作品不可叨扰的孤独。在这样的时刻，我意识到我必须动手写作。我在写作时，一切都在写作，时时处处都是文字。甚至平时很熟的朋友来访，我竟然不能认出他们。这样的状态持续了十多年。写作是使我的生活充盈的唯一之事，它从未离开我，它使我的生活中充满了愉悦与欣喜。

我写作时，书，无论是怎样的书，已悄然成为我的生活目的，无论在什么地方，无论四季的流转，从未改变。身处无底深渊，处于几乎是绝对的孤独中，面对无边的虚无，发现写书是唯一的、最后的能够聊以自慰的东西。这是一种写作的人经常要面临的一种虚空。我认为写书的人，似乎两手空空，大脑空灵，并未找到写作的某种途径或灵感，而是只知道用枯燥的没有生命力的文字按照一定的规则拼写，表现出作者本人无法言传的含义。

《副领事》中充满了呐喊，无声的呐喊。这种每天都存在的呐喊，恰如人们每天所做的祈祷一样，无处不在，余音不绝。在拉合尔的夜晚，副领事喊叫着向夏利玛的花园射击。他要杀人，不问是谁，不为原因，只是为杀人而杀人。这就是趋于土崩瓦解中的印度。在静谧的印度加尔各答的黑夜里，单独自处时，他在宅邸里狂乱呐喊。这位世故得狂乱的副领事，在每个黑暗的夜里都在射杀拉合尔。这是一种孤独的呐喊，孤零零的、孤独的、绝望的呐喊。许多人的生命中都会出现这样一个命定的孤独的时刻，许多人承受不了这种程度的孤独，想尽办法逃离这种孤独，只有作家会欣然迎接它，享用它，把它化为笔端的文字。但并非人人都是作家，都有这种嗜好，这就是差别。文字是漫漫长夜中各种动物的叫声，是来自不同社会阶层的各色人等的叫声，是你我他的叫声。这叫声有时是令人毛骨悚然的鬼哭狼嚎，有时是令人愉悦的绕梁之音，有时如暴风骤雨，有时如潺潺水流。这千变万化的声音并非所有人都能够欣赏、驾驭得了的，而作家，更确切地说，少数优秀的作家才能懂得这些风格迥异的叫喊之声，并将之诉诸笔端。

作家是矛盾与荒谬的怪异混合体。写作是一种沉默的言语，一种无声却情感充沛的呐喊。作家听得多却能带给人们轻快。他言语少，因为他不能和别人交流已完成的书和未完成的书。这与电影、戏剧及其他演出形式正好相反,也与一切阅读相悖。因为书是在黑暗中成长的未知物,是自足的。书在不断地成长之中,向着作者曾预想过或未预想过的维度,向着冥冥之中它自己的和作者的命运之维探索性地延伸。独自面对一本处于未完成状态的书,作家似乎已处于一种原始的睡眠之中,或者说仍独自挣扎于无边的荒芜的写作沙漠,努力挣扎在濒死的边缘自救。这与战争中孤身一人躲在防空洞里的感觉颇为相像。在这里没有了每日例行的祷告,没有了对上帝的虔诚,没有了悠忽来去的思绪,只有一个疯狂的念头:杀光纳粹分子。而作者的书一旦付梓,他与它的关系就如同母亲与呱呱坠地的婴儿的关系,婴儿已诞生于这个全新的世界,但却永远是母亲的最爱。完成一本书后,作者就不应该评论此书,不论是有关写作的内容还是写作期间失望或快乐的感受。书中排列有序的文字并不显现这些属于作者个人感受的东西。完成的书脱离了作者恰如新生的婴儿脱离了母体,进入一种天真无知的状态之中。作者依然写作,依然怀着不可摆脱的绝望蹒跚于写作之途。这是怎样的一种绝望啊! 写得与之前有关作品的构思不一样,就是一种失败,一种不得不接受的失败。而这种失败只不过是这本书的诸多失败的可能性之一。

写作没有参照,永远没有,也不会有。新鲜出炉的作品虽然粗野,但是独特。书中呈现的人物不会为人们遗忘,作者也不必为他们感到力有未逮的遗憾。这一点与我是真切的。写作中,取舍之门永远打开,作家需在一种自杀式的孤独中单枪匹马地面对这扇舍得之门,这是一扇通向神秘与危险的门,作者不得不面对它:这是敢于呐喊必付的代价。

有些作家对写作心怀恐惧,而我则没有这种情况。我写过一些晦涩难懂的书,但也赢得了一部分受众。近来,我重读了一本写于三十年前的我的一本难懂的书——《平静的生活》,竟然发现它很精彩。这是一本一气呵成的书,有着普通谋杀案的逻辑。凭借这本书,你可以走得更远,探知你未知的地方,感受兄妹恋爱故事及其因违背伦常而遭受惩罚这一永恒的爱情主题。

——《写作》《外面的世界》

2. 作家的职业道德

书是什么?这是个难以回答的问题。但每部书都与作家一样命中注定要经过一段艰难的时光。作家有时不得不将有些失误隐现于书中,这样才能使其成为一本真正地不撒谎的书。作家的这种失误,也是一种机会。积极地面对这些美丽的失误使其成为你书的机遇是一种智慧。记得初次谈及法国驻拉合尔大使的妻子安娜-玛丽·斯特雷特和副领事的婚外恋时,我瞬间感觉毁了《副领事》这本书。但事实证明,它不仅挺住了我这一失误,还顽强地达到了我的期望。

在我看来,书籍并不自由。书中整整齐齐的文字透露着、潜藏着其被制作、被编排、被控制的痕迹,这是作家自我审查的结果。于是在某种程度上,作家是自身的警察,天生有一套自我审查的机制,自觉或不自觉地,有意识或无意识地对其创作的作品发挥着作用。这可以表现为追求一种适合于所要表达内容的更好的甚或完美的形式,这种形式是作者当时当地认为的最通俗、最明白、最有利于所表达内容的形式。曾经有几代缺乏生机的人,书也写得十分腼腆,包括年轻人也是如此。这些书没有黑夜,没有沉默,只有停滞不前。这些可以称为没有真正的作者的书是不具有思想性,不涉及具有普适性的生命的黑色忧伤的书,而是一些即兴的、感伤的、游记性的书,缺乏独创性与生命活力。

我的生活中从来没有计划。和没有计划的生活一样,我的作品中也没有计划。虽然我每天早上写作,但从来没有时间表。而做饭则不一样了,我很清楚何时让食物烧开或怎样避免烧过火。对于我的书我也是了然于胸,洞若观火。我用一切发誓,我绝没有在书中撒谎,就像在生活中从未撒谎一样——除了对男人。这应归功于我的母亲,她曾恐吓我说谎言会杀死说谎的孩子。这给我造成了很大的心理阴影,使我一直惮于撒谎,不论是在现实生活中,还是我的作品中。

——《写作》《平静的生活》

3.萨特

我对与我同时代的萨特关注较少。偶尔想到他,我总是会想起索尔仁尼琴,觉得他们二者相似。萨特就是一个没有古拉格群岛的索尔仁尼琴。他被流放似的独自生活在自己制造的无边无际的沙漠里。萨特这次写了威尼斯的 16 世纪,即古典主义晚期名气最大的一位被称为小染匠的画家雅各布·罗布斯蒂。《现代》杂志迄今只刊登了这篇文章的某些章节,但已不可能对它视而不见了。

萨特用钢铁般遒劲的肌肉拨转了历史的时光机,使威尼斯共和国穿越了四百年的时光隧道,奇迹般地跨出了它的沟沟渠渠,构建了真正的威尼斯世纪。这里有威尼斯的运河、小巷、教堂、广场、圣洛克大会堂,穿越这些大大小小、形形色色的地方,萨特重读了瓦萨里、布朗森,愤怒的他甚至将偶像倒置,使死人获得新生,激起他们之间的辩论,然后,让后人透过历史的重重迷雾去品评,去判断。而他们谈论的对象就是小染匠雅各布·罗布斯蒂。萨特的暴怒带入一种暴虐,对雅各布来说没有娱乐。不论是对理念还是对文字游戏,他从来都兴趣索然。他对文人的人道主义只会一笑了之。

在五十页的阐述中,萨特多次提及小染匠的绘画。但在这些片断中并没有谈及他的绘画,因为萨特此处的重点不在于其绘画。作为画家,小染匠的画肯定会在某个时间得到全面客观的评判。在此,萨特重点探讨的是他绘画创作的历史条件。他大讲特讲这位威尼斯画家绝望的爱情故事。他认为小染匠被威尼斯抛弃的原因恰是因为他是这座城市真正的画家,他感受到了这座城市自身已感受到了的死亡。他还不顾这座他爱的城市的反对尽其所能把自己强加于这座城市。他用尽了或高雅的或低俗的诸多手段实现自己的愿望——将这座城市的墙上绘上独属于它的画。尽管后来画家小染匠去世了,但他的作品最终实现了创造时他寄予他们的意义和目的。他还是赢家。

这让我们想到了米什莱。在这篇如此接近真理的论文前,怎么可能没有论点? 蓦然,萨特感到了一种痛苦,这种痛苦画家小染匠也感到过。

然而,这只是抒情式的幻觉。萨特其实是向我们阐述了艺术创作这种寄寓了无数矛盾的小说。由此,除非我们绝缘于历史抒情主义的敏感性,我们势必为他的这份历史抒情的暴怒所深深地震撼。萨特对于历史命运的担当、对于神经回返的这种力量使他似乎耗尽毕生心血去重研历史,使一切重新再来。他的这篇文章更像是一个赌注。

曾被历史搞得精疲力竭的米什莱放弃了对中世纪的研究。因为它让他感到窒息,他只能为它哭泣。当他后来成了真正的历史学家,当他的神经在研究其他时代的历史中历经修炼变得足够强劲后,他才又回返中世纪的研究。萨特在 16 世纪的威尼斯,也有了窒息之感,但他没有为之哭泣,他感到的是暴怒。在此还有一个问题,十年前的萨特可能写不了这样的文章。在这十年间,他回到了自身,转到了萨特的身后。他洞悉了自己,他对自己还有他周围的人,他的魔鬼,他的观众,都洞若观火。他就像一个父亲对自己的孩子一般感到了厌倦。在满怀父爱深情的论述里夹杂着酸涩与迷惑。于是萨特逃离了,返回自身,回到萨特。于是他写出了小染匠。

——《外面的世界》

4.我与其他作家

对于女人来说,我们渴望拥有我们所爱的人就如同他渴望拥有我们一样。这是一种男女之间互相拥有的一种爱情中的绝对主体性的体现。如果能达到此种境界,我们心甘情愿为此付出生命。所以不如此了解一个女人的想法及其身体的欲望,也没有读过女人创作的书与诗歌的作家,从事文学创作纯属自我欺骗。这样对这些既成事实一无所知的作家不但因对女性缺乏了解而不能为其代言,而且也不能成为其同类的代言人。罗兰·巴特便是因此而无法使我欣赏的一个男人。他的书中浸淫着那种极其审慎又极为偏狭的墨守成规的思想使人读之便弃之一旁。他的《神话学》如此,他的关于摄影学和爱情的书亦如此。他有关爱情的书虽然富有才情,但我读起来却索然无味——因为关于爱情的书却是出于无爱而作,会有什么动人之处呢? 在我看来,他虽是一位作家,但却是一位思想已然固化、创作因循守旧的作家而已。这样一位似乎没有经历过青春期种种危险的作家缺乏的是应该让那些不信宗教的人、被法律剥夺权力的人公开某些事情的真相,以此打乱那些早已成为惯例的自由,而这种自由恰恰缺乏那种强烈的、青春期所独有的富有生机与活力的倾向与冲动。

关于弗洛伊德我更多是听拉康说的。他说我的《劳儿之劫》中的劳儿总是回忆起小时候看到的父母性生活的原初场景,这对其后来的生活特别是性取向产生了重要影响。由此,他说他把劳儿作为临床精神病患的典型案例在许多场合多次提及。后来我也有意识地去读弗洛伊德的书尤其是《梦的解析》,读了好多遍。被他吸引的我逐渐意识到弗洛伊德是一个伟大而且易懂的作家, 而他的学说则是弥漫着怡人香气的一门学科,但遗憾的是我对精神分析不怎么感兴趣。

我希望康拉德还活着,并期望每两年就会有这样一位作家问世。如若果真如此,对我来说将是莫大的幸福。我曾一度痴迷于普鲁斯特,现在沉醉于穆齐尔,尤其是后者的《没有个性的人》最后一卷。现在,我觉得马蒂斯关于巴恩斯团体的舞蹈的书《论艺术随笔与谈话》是数年来我认为最美最震动人心的一本书。我也多次阅读勒南的《耶稣传》和《圣经》。1980 年 10 月,我读了奥地利作家罗伯特·米西勒的小说《无用之人》。读完此书,我惊异于这种对于兄妹间感情的呈现。这一下子激活了我有关小哥哥的记忆。这两者的相遇促使我着手写下了《阿加达》。

我习惯于夜间阅读,常常读至深夜三四点。黑夜里的这种宁静、静默的环境让读者和书及其中的人物更为贴近,与他们之间的感情更为强烈。近来我又读了《克莱芙王妃》。这是一本我一直想写的书的美的典范。该书中屡屡错失的深情凝望、想说却从未向对方表达出口的感情、主人公之间隐藏至深的感情之中的静默都成为这段情爱关系的细腻而又微妙的表征。《圣经》和《克莱芙王妃》是我终生必读的书,是我取之不尽用之不竭的灵感之源。我也重读了卢梭的《忏悔录》和儒勒·列那尔的

《日记》。

我不喜欢其他女作家，尤其是西蒙娜·德·波伏娃，我从不避讳这一点。我和波伏娃在写作观念上有分歧，但罗伯特·伽里玛竟然出版她的书，还曾称喜欢她的书，我认为她一钱不值。我也搞不懂玛格丽特·尤瑟纳尔写了些什么，虽然她的作品有时也能给我点儿启发。我唯一喜欢的女作家是娜塔丽·萨洛特。我这么多年来都喜欢她独特的为写作的奋斗之路，也喜欢她的文体。这些不同时代的作家关于不囿于叙事模式地对其人生及时代的记述，每每读来总会给读者以愉快的阅读体验。

我一贯把阅读视为一种独立的创造性的行为。对于我来说，阅读在某种程度上也是一种写作。根据我个人的阅读经验，我认为只要有阅读就有创造。当然不同层次的读者对作品的创造性阅读是不一样的。而作品是属于那群能够真正读懂它，能够征服它的读者。在此过程中，文本的作者已悄然隐退于作品之外了。在我的小说《琴声如诉》中，我第一次将读者或者观者引入了我的作品中，后来这种做法在我的其他作品中也有运用。

——《物质生活》《杜拉斯谈杜拉斯——悬而未决的激情》

5.何谓新闻写作

那是夏初时，塞尔日·朱利问我是否愿意定期为《解放报》写专栏文章。他希望我的名字、我对世界的独特看法能登上《解放报》，他不要政治专栏或文化方面的报告，他要的只是我自己感兴趣的东西。我对定期专栏写作心怀恐惧，犹豫之中的我决定一试。我们见面时，他告诉我不要写政治或相关事件，写一些新近发生的我感兴趣但未必见之于一般新闻的事件即可。这不再是一般表面意义上的新闻写作，而是一种隐性的现实性写作，这里的现实性是指现实的意义，而不是那种大家一窝蜂关注的爆炸性事件。他的这个想法让我很感兴趣，这让我再次开始了我一直秉持的"主观新闻写作"。在这里，我像说话一样地写作，像思考一样地说话。我问他还有什么要求吗？他说：一年内不论长短每天一篇。我说：一年不行,三个月尚可。他问:为什么三个月?我说:因为夏季是三个月。那年夏天,无所事事的我情绪低落,我害怕过这样一种百无聊赖的生活。最后我驳回了他让我每天一篇写三个月的请求,按照我一周一篇,写我想写的,于是我开始为《解放报》没有题目也没有固定主题的写作。我想要写作6月15日来外面就一直下着的雨。在我看来,为报纸写作就应像在街上走路。在城市里边走、边看、边写。你穿过了城市,穿过了时间,但你只要还在走,还在看,你就还得写。为报纸写作,必须一气呵成,没有停顿。这种写作出来的作品必须让人感到紧迫性和强制性。这种写作的本质是揭示事件的真相及其奥秘,所以可以允许有一定的失误。我接受这种写作带来的不完美性。

除了六月底和七月初的两个星期外共计三个月。在9月17日的那个星期三,我把这些本已注定散落于刊印的报纸上的文章收集整理了一下,将它们命名为《八○年夏》并交给了子夜出版社。让这些文章散佚就辜负了我写作时的种种努力。那时的我不得不花费一整天的时间来了解时事,虽然难得常想放弃,但我坚持了下来。第二天是要远离忘记这些事件,回归正常的生活。接下来的一天开始写作。这样的日子持续了三个月,所以这些文章绝不能像我的有些电影剧本一样没有合同到处散失,踪迹全无。不管怎样我都不喜欢夏天。那种似乎凝固不动的夏天让我感到莫名的焦灼不安。我觉得夏天是没有未来的。我一直喜欢秋天。那年,整个夏天我无时无刻不在思考,一切都成为我思考的导火索。

——《八○年夏》

6.《劳尔之劫》

《劳尔之劫》是一本独特的书。其独特之处在于它能在痴迷于它的读者与普通的读者之间划出界限。对于这本书来说,写作并不意味着叙述故事,它可能意味着其反面,意味着同时叙述文本中所有的东西。劳尔·V.施泰因毁于也成于S.塔拉举行的一场舞会。在这场舞会上,劳尔·V.施泰因目睹了她的未婚夫和一位陌生的黑衣女人的不堪一幕,被背叛的她已出离了痛苦。但这种麻木得感觉不到的痛苦潜隐于她的无意识之中，长期得不到宣泄，她发疯了。这是一种过于理性地违背自己意愿的选择性遗忘的结局。这是本书中我通过叙述呈现出来的东西，而在本书中我没有呈现出来的是我所有书中描写的女人，他们不分年龄都和劳尔·V.施泰因有着某种渊源关系，这体现在她们都对自己有某种遗忘。就是她们自身的既不审慎又鼠目寸光的言行导致了自己生活中的悲剧，我书中、影片中的女人都卑怯地不相信幸福会如蝴蝶般停落在自己身上。

这场成就也毁灭了劳尔·V. 施泰因的舞会似乎从未停止地重现了二十年，当然是在戏剧的层次上。这么些年来，人们对劳尔·V.施泰因的认识一直停滞不前，没有丝毫改变。我不想让她再萦绕我，我把她杀了。这样她就不会有时跑到街上，有时倒在我家门前，有时睡在海边的沙滩上。劳尔·V.施泰因这个疯狂的女人，有人说她的命运在一生下来就已注定毁了，也有人说是在 S.塔拉举行的那次舞会上就已命中注定。舞会上她一直停留在那里，以她为中心渐次扩展的同心圆已延伸至纽约。劳尔·V.施泰因，这个疯女人，已成为我书中最引人瞩目的人物。但她身上，仍有一些东西是不为我所知的，哪怕我是这本书的作者。我和她在一起，我看到了她的微笑，看到了她和谁交往，但她的某些瞬间的动作，她的心理活动，她的某些说出的和未说出的言语的含义是不为我所知或者说不完全为我所知的。所以她在这次舞会上和雅克·贺尔德的关系出乎意料地改变了该书的结局。

布朗肖表明他希望我和劳尔·V.施泰因之间不要有如雅克·贺尔德这样的第三者，但没有他我真的没有别的办法了解她的所作所为，也更无法接近或参悟她内心的所思所想。毕竟，一个文本就是一个不可分割的整体前进的有机体。如果我书中的人物随着情节的推进与我意料之外的人物坠入了爱河，我宁可改变书的结尾，而不是改变我已经写出的书的前面部分。这种偏离我原先设定轨道的爱情我是会接受的，因为这种新生的爱情能够战胜我原先预设的那份爱情已经显明了其合理性、其顽强的生命力。在真正的写作中，没有人会预先获知在某些注定变动的点上会发生什么样的变化。令人惊异不已的变化不正是作者和读者一起共同期待的吗?

——《物质生活》《话多的女人》

7.《大西洋的男人》

1981 年 9 月,扬的不辞而别让我猝不及防地跌入了痛苦的深渊。那个每天影子般伴我左右、对我呵护备至的扬,那个整天陪我喝酒、写作、聊天的扬没有说一句告别的话便悄然离开了。没有他的寂寥的日子里,度日如年的我开始怀疑自己,怀疑自己作为女人的吸引力,怀疑我们这段跨越年龄隔阂的忘年恋。没有他的日子,我靠对我俩共度的甜蜜时光的回忆勉强度日。但苦挨的日子一天天过去了,他仍是杳无音讯。诺弗勒、特鲁维尔,这些地方都显得空荡虚空,我似乎觉得自己的整个生命都因为扬的离开而被抽空,失去了存在的意义。在百无聊赖的日子里,我用写作聊以自慰。不知不觉中,我记录了许多有关扬的事情,写下了很多对他的思念。我忍受着可能会因爱而死的痛苦写作着这份把我们吸附在一起的疯狂的爱情。此时此刻的我觉得写别的东西已然不再是写作,写作就是我去写你——扬,而我现在就是在忍受着相思的煎熬在写你——这个已成为我生活中、生命中、写作中不可须臾或缺的男人。我决心用写作、用来自心灵深处的呼唤来唤回这个已走进我心灵世界的男人。是你将我从曾经孤独、寂寞、犹疑的岁月中拯救了出来,现在你悄无声息地离开带走了你曾经给我的生活中注入的阳光与温暖,我已无法再回到过去那段可怕的孤寂无依的悲惨生活之中。这间房子是你的,让我们永远与彼此厮守,不要再分离。我忍受不了这种令我恐怖的分离。即使我们早已不在欲求彼此。但这种真实的离别对我来说依然是一种不幸。记得那天晚上你对躺在你身边的我没有丝毫的欲求,我理解。你不是故意而为之。你想做什么都随你,只是别在这里存放烈性的威士忌,别再让我经历那天晚上令我恐怖的死亡般的疯狂。你我都依然处在战争般的地狱之中,我们都被置于绝对痛苦的处所,我不知道该把自己的肉体置于何处,不知道怎样才能忍受这一道德的皮囊。

我已搞不清楚我究竟是喜欢不辞而别、没留下只言片语离我而去的你，还是喜欢在我笔下慢慢成形的这个男人。不论怎样，这是一个绝望之极的女人对一位她深爱着的男人的深情呼唤。

——《大西洋的男人》

8.《夏夜的十点半》

在达森刚完成的影片《夏夜的十点半》里，四十岁的她扮演四十岁的女主角玛丽亚。我相信甚至也能够肯定她演玛丽亚完全是生活中的她的本真演出，从身体到灵魂。她就是那个玛丽亚。她的丈夫叫皮埃尔，他们有一位年轻而温柔的朋友克莱尔。

时间把一切爱情都无情扼杀了。皮埃尔和玛丽亚的爱情也没能例外。玛利亚没有抗争，而是平静地接受了这份必然的失败，年龄和爱情的终结，一切的终结。绝望中的她用酒精来麻痹自己，用同样的激情和心情去体味爱情的终结，就像爱情之初时体味其扬帆启程。她在酒精中慢慢沉沦，冷眼看着玛丽亚一步步完成她的宿命，看着她溺毙于酒精之中。但是她玛丽亚想要戏弄一下命运或者说她抓住了命运给她的戏弄她的机会。

几个月来，她已注意到皮埃尔和克莱尔之间有一种他们自己尚未觉察的暧昧。这是一份新的爱情的征兆。爱情依然是这世俗的世界上最可遇而不可求的奇迹，让它降临吧，虽然这对于刚刚失去爱情而痛苦地挣扎的她来说是一件极为残酷的事。她找到了缓解这种痛苦的良药——冷眼旁观这份爱情做其平静记录的作者。于是，玛丽亚盛情邀请克莱尔和他们同去正值夏季的西班牙度假。

夏季的炎热会成为情感勃发、欲望膨胀的催化剂，一切都会如愿的。这种被称为"三角恋"的爱情历来不为人们接受，甚至被认为是可恨可耻的。这是因为爱情的模式还停留在中世纪，绝对而永恒的爱情甚至成为一种信仰。一旦爱了，便需爱一辈子，一生一世。

　　一个暴风雨的晚上,他们到了一个小村庄。旅馆里拥满了因为天气原因而滞留的旅客。他们获悉这个小村庄刚发生了一起恶性事件:一个年轻的农民杀死了他的妻子及其情人。这成为晚报上爆炸性的花边新闻,更重要的是警察正在全力追捕这位杀人凶手。在这座因电力故障而漆黑一片的小村庄里,在这个人群骚动、混乱不堪的旅馆里,年轻的杀人犯罗德里歌·帕斯特拉混迹于其中。也是在这没有光的混乱中,皮埃尔和克莱尔在阳台上走廊的尽头有了初吻。玛丽亚从另一个阳台上目睹了她有意制造的痛苦而可怕的胜利。几乎与此同时,她也在壁炉边棕色的被单下看见了蜷缩成一团在黎明的微光中等待着命运降临的帕斯特拉,玛丽亚为了救他飞奔着把他带到了几千米外的田野中。第二天,玛丽亚去找他,发现他已于夜里自杀了。他应是死于爱情,但他没有对此有哪怕一个字的解释,或许他不屑于对此解释吧!

　　这一天,玛丽亚被这件事深深地影响了。在她因酒精的作用而沉睡之时,克莱尔和皮埃尔真的成了情人。玛丽亚产生了一种幻觉:一起冒险救出帕斯特拉,穿越西班牙,或许能够唤起他们衰退的爱情。但帕斯特拉自杀了,死了。一切都完结了。

　　克莱尔意识到了玛丽亚的意图,洞悉了她把皮埃尔给了她是为了再次赢得他。但开始爱上皮埃尔的她骄傲地等待最后时刻的到来。玛丽亚在帕斯特拉绝望的自杀中看到了疯狂爱情失去的天堂。在马德里,玛丽亚当天晚上将这个时刻了给了他们。她突然明白了,正是因为偷偷摸摸,正是因为谎言参与其中,通奸才更加吸引人。通奸是一件很可怕的事情,但通奸的色情环境是不可替代的。通奸会让人产生一种犯罪感,但它也会使这种关系具有了某种色情的意味。如果没有所谓的禁令,它也就失去了其乐趣与刺激。玛丽亚解除了禁令——她退出了游戏。在马德里,在这个度假的夜晚,她陷入了一种可怜但美妙的孤独之中。这是一种失败还是一种胜利?

——《外面的世界》

9.《死亡的疾病》

这本书是两个相爱的人的故事。如果两人的相爱且无成见则是书之外的故事。相爱而无成见的爱情不可能寓居于写作之中，这是一种写作无法囊括于其中的太过强烈、太过完美的爱情。这种爱情是自发产生的，它多数时间在漫漫黑夜中沉沉酣睡。这样的爱情自发生之初就在抵抗周围的重重阻力与压力之中试图缔造自己独特的行为。人们过着枯燥乏味的吃喝拉撒睡的生活，他们却创造着他们甜蜜的亲吻，歇斯底里的争吵，流泪或歉意的和好甚或想要自杀的阴晴不定的生活。这样变幻莫测的生活像悬疑电影一样不到最后是猜不出结尾的，抑或直到剧终还是一个开放性的结尾。这种像镜中爱丽丝的微笑一样难以捉摸的爱情却有着将两人整个都冲昏的激情。

这本书是关于一场不被人们接受的、受不可知力量支配坠入爱河的两个男人和一个女人的爱情的。他们在相爱，却不能够将之宣之于众。他们只是在这种有所为而不言的爱情中感受着他们是爱的统一体。他们在经历一种与众不同的爱情，两个相爱的人不能在欲望、在性方面淋漓尽致地表达自己，而是在喋喋不休、在相对举杯豪饮之后用痛哭来宣泄自己。

面对这份书中描写的两个相爱的人的爱情的不可能性，我们虽然并没有退缩，没有外援，但我认为我应整理好我的行装，载负着我渐长的年龄、风雨侵蚀的脸庞、我的疯狂、我的痴迷进入写作。我希望我写作的过程中有背负行囊的你，年轻有活力的你，悠闲自得的你，狂风暴雨般的你，各种各样的你出现在了我的笔下。我们的爱情不可想象，神秘奇异，却一点也阻止不了我们对它的渴望，对亲身体验它的热望，我们经历它就像许许多多人经历的普通平常的爱情一样地自然。这样的超凡入圣的心态是为了让这份珍稀的爱情所涉的两个人尽量地少受或免受伤害与痛苦，虽然这依然不够，远远不够。在书稿交给出版社之前，我对它是否出版一直犹豫不决，但思虑再三的我最终还是屈服于出版社，书还是出版了。

1980年10月，我应密特朗之邀和他一起参加了庆祝法国在美国独立战争中约克敦围城战役胜利二百周年纪念日活动。这次出行让我遭受了一些以往我对政治不感冒的误解。但这种误解早已被与扬在纽约的意外重逢之喜冲到了九霄之外。在扬的眼里,无论我多么耀眼,多么令人仰慕,我都永远是那个来自法属殖民地的女人。扬回来了。他又开始围绕在我的身边,但我的身体却每况愈下。由于饮酒过量,我的手总是不由自主地颤抖,我甚至不能独立行走。此时对于我来说,酒已与我生死攸关。不喝酒,我会全身有说不出来的难受,手也抖动得更厉害,而一滴酒却有让我安静的神奇之效。我现在已不能写字,我只有向扬口述我的文字,让他用打字机记录着。有时口述的过程中会出现短暂的停顿。一杯酒便可以解决这停顿,但随着停顿的频率越来越高,我需要饮酒的量也越来越大。但我还是坚持着写作。写作是我的生命。我的生命中没有了文字就只剩下了空白,失去了存在的意义。在这样的情况下,我于1982年初完成了名为《死亡的疾病》的书。

《死亡的疾病》里那种难以命名的疾病,那是一种爱也不是、断也不是的难以定义的爱情,这种她多数作品中的主人公都患上的绝症直到现在都难以确定。这不是一种普通的病症,这是一种只需要别人用身体来陪伴心灵的疾病。它的预防和治愈不是需要身体的结合,而是只要他存在在眼睛能看得到、双手能够接触得到的地方。肉体的这种实实在在的存在就是一种解忧之道,就是幸福的秘方。这就是我对扬的需要的方式。后来这本书由扬送至子夜出版社。我也感觉又完成了一件事。我知道它是一本书,也相信它不仅仅是一本书,而是一本与众不同的书。

——《写作》《死亡的疾病》

10.《直布罗陀的水手》

《直布罗陀的水手》中的女人经历的整个爱情其实是对直布罗陀海峡的水手爱情的无望而漫长的等待。这个水手其实是一个根本不存在却又以无比巨大的力量处处存在着的人,这种似获准缓刑的没有确切日期的等待与我现在所做的写作有某种不言自明的共同点,《塔吉尼亚的小马》和《恒河女人》像隔着一个世纪之遥。我总是把写作认为是必须做的事情,这才让我摆脱了这种漫无期限的爱情般的等待的空寂。我可以在十五天之内写一本类似《直布罗陀的水手》《塔吉尼亚的小马》《恒河女人》的书。我身上有这种俗气,也可以称之为一种才能,我在学校里就有这样的才能了。我能够在三个星期内随便选一个主题杜撰出一本书来。在全世界都上演的《音乐喜剧》就是这样的。

在相当长的一个时期,我热衷于社交活动。我在有些人的家里吃晚饭,聊聊天。我频繁参加鸡尾酒会,经常外出拜访一些人。此间,我还写了一些书。后来,我经历了一段难以忘怀的爱情。这段爱情给了我一种无与伦比的强烈的色情体验,这种体验强烈得让我经历了一次自杀式的危机。我恰如《如歌的行板》中的那个女人一样体验到了渴望被人杀死的危机,也是从那时开始,我所有的书都发生了历史性的转折。我大约是在两三年前意识到了那种向真实性的转变。就是这段经历让我懂得与我生活过的男人的人格是无足轻重的,因为他们不是和我经历了一段爱情,而是和我经历了一段性体验。那时的我是那么确定自己今生也难以走出这一段经历的阴影。但事实说明那是一种我个人的虚妄的自以为是的想法。这段经历我已刻意通过《如歌的行板》的写作将它封存于我的记忆深处,从此不想再向别人提及。

关于这段过往,我只是曾经向一两个人稍有谈及,却从未深谈。这是一种与身边所有亲密的人的一种平和而断然的分离。之后,我曾继续了一段时间的社交生活,到后来这种社交逐渐完全中断了。坦言之,在那段时间,我被这段经历中的某种不知名的强烈得让我无法自抑的东西控制了。我之前的生活中经历过一些危险的时刻,曾经的危险时刻,我是在一种不自觉的状态下经历的,而这回我心中十分明了我真正想要的是什么,就是面对危机我有了明确的目标,我不再像过去那样迷惘、彷徨,我有意识地直奔我的目标而去。这样的题材在我后来的书中不断地重复出现。我以前写过《广岛之恋》里的那种你弄死我的体验,但我没有真实地体会过,虽然人们阅读之时也可以感受得到这种感觉。这是我写了《如歌的行板》之后想要描写,想要铭记的东西。在《如歌的行板》中翻来覆去的单调叙述手法从本质上讲是对一切的一种分析整理。这反映了我的生活状态,一种不堪重负的令我疲于应付的生活状态。我有时真觉得自己应该遁入某个与世隔绝的地方,远离这些让我厌倦之极的别人对我所做的事情不予理解的生活。鉴于这种对于我的不理解,公众对于我保持一种相当普遍的沉默。这不可避免地加重了我的孤独。这种面对人生荒漠的孤寂的生活是非常艰难的。

有时,我也想人们用这种不理解或拒绝理解悄然用沉默将我扼杀总比粗暴地与我对抗好吧!其实,并不是全世界的人都不理解我,有许多人或者说相当多的人还是知道我所做的事情,还是读懂了我的书的。奇怪的是我是很有名的,但不是因为我的书,也不是在全世界而是在我的周围,而且通常是因为一些莫名其妙的事情。或许也有可能,人们因为这样一些负面的事情知道了我,而对进入我的作品产生了某种莫名的恐惧。我更深深地知道我是以一种另类的方式激起了人们对女人的厌恶之情。我的书在多数人眼里是地地道道的革命的先锋派的书,里面充斥着的那种革命思想和对女人的看法是他们难以接受难以容忍的。另外一个更深层的原因在于过去人们虽然见识过许多事情、许多运动,但不是通过一个女人来完成这种见识的。同时,一般来说指控只是针对社会的而不是性和女人的。换言之,指控社会是可以的。这就像人们都厌恶战争抗拒战争,但事实是在所有关于战争的电影中都隐含着对战争的秘密崇拜。在有些作家笔下,关心、拒斥社会的人体现了他们内心的那种难以言表、无法释怀的怀旧情绪。而使用同样语言的我却可以将这个社会毁灭得消失于无形之中。这是因为无论在哪里,我都能感觉到社会灭亡的气息,可能这是我的一种幻觉,但我把这种恐怖的现象诉诸我的笔下又唤起了人们的恐惧之感。

有这样一种说法,忘记楼梯中断的人在沿着早已中断的楼梯向上爬。从这个意义上来说,所有这些部长,这些看起来或听起来可怕的人都是死的,只是他们自己不知道而已。当人们从这个角度看事情的时候,自然会产生一种毛骨悚然的感觉。也就是说那些拼命赚钱要挽回某种或某些东西的人对我而言早已完了。有时,我会有一种在梦幻中听见他们言语的错觉。如果你在酒吧里、饭店里听有产者谈话,你会感觉到脱离现实的他们是在一段已经摇摇欲坠的楼梯上说话。而我看到了楼梯已被严重侵蚀的现实,我试图用我的书进一步侵蚀这段楼梯。

——《话多的女人》

六、政治与思想

1.种族主义

  大约十天前的一个星期六的早上十点,在圣日耳曼-德普雷附近雅各布路与波拿巴路的交叉口,一个二十来岁、破衣烂衫的小伙子推着装满鲜花的手推车从市场向路口走去。这是一个靠偷偷摸摸地卖花儿偷偷摸摸地生存的阿尔及利亚人。这里没有市场上管得那么严,向路口走去的他还是有点儿神色紧张。即使这样,不到十分钟,两位身着便衣的先生便走向连一束花还没卖出去的他。这两个来自波拿巴路的人,像猎犬一样用鼻子到处搜寻着他们的猎物。他们直奔他们锁定的猎物!他没有卖花的许可证,这是毫无疑问的。接下来,看!两者中的一个走到手推车旁,一下便掀翻了手推车,盛开的阿尔及利亚鲜花撒满路口。惊呆了的阿尔及利亚小伙被这两位法兰西代言人左右挟持着。几辆过来的汽车绕着鲜花过去了。街上没有人说话,除了一位夫人。"太棒了!先生们,如果你们每次都这么做,不久我们就能清除这些残渣!太好了!"她叫喊道。

  市场那边走来另一位夫人,站在刚才喊话的那位夫人身后,默默地看着这一切:地上的鲜花,卖花的犯人,得意忘形的夫人和两位先生。之后,她默默地俯下身去,捡起鲜花,走向阿尔及利亚人给了他花钱。接下来,一共有十五位夫人这样做,但谁也没有说一句话。两位被激怒的先生束手无策,谁能阻止人们买花呢?十分钟不到,地上已没有一枝花。不过后来,两位先生还是把阿尔及利亚的小伙带到了警察署。

我还听说了与此类似的另一件事。马塞尔·B是塞纳河左岸一家饭店的侍应生。作为家里十个孩子中的老大,她出来工作时还很小,但一直在法律许可的条件自谋生路。目前,在三家饭店或做零工或做常班工作,她做得很好。一星期前,她和她做钟点工的那家饭店的一名侍应生一起回家。他们从十区的地铁口出来时已是深夜一点半,马塞尔的租处就在十区的一条街上。

在我们看来,马塞尔·B和她的工友结伴或是单独回家是他们自己的事,但我们想错了。出了地铁口的他们与一辆警车不期而遇。两位警察下了车,向她们走来:"证件!"尽管他们两者都有合法的证件,但马塞尔·B没有十区的调换居住证。她辩解说:"我在十区借了别人一间房子,想着只住几个月就不住了,没有必要办调换居住证。""你为什么不喜欢十区呢?"其中一个警察问。"因为我还是习惯待在左岸,"她回答。"您不喜欢这儿是不是因为这类家伙太多了?"她没有再回答,因为她的同伴是个卡比利尔人。警察继续追问同一个问题,她和同伴都默而不语。警察就拽过她的包,翻找了一阵,但什么也没找到。于是那个无事生非的警察说:"可是您却和这类家伙中的一个深夜一点半还在游荡?"她和她的同伴还是沉默。于是警察将矛头指向她的同伴,"你,跟我们走一趟!""为什么?"马塞尔·B抗议地问。"闭上你的嘴!"两位警察恶狠狠地说。她的同伴就这样被带走了,只是因为他是卡比利尔人。他一直被关押到早上四点,只是因为他是卡比利尔人。而在这将近三个小时的时间里,警察只是打牌,并不搭理他,他请求他们两次"请你受理我的事儿?"对于这合理合法的请求只有一个"闭上你的嘴",因为他是卡比利尔人。而马塞尔·B从此也因为和一个阿尔及利亚人同乘最后一班地铁即将受到警察局的监管。

她问我应该向谁申诉,而即使这一切被证明是清白无辜的,我却不知怎么答复她。此外,我上次因为斗胆为阿尔及利亚人说话,有人已半夜打电话给我并威胁说"如果有下次,就撕烂你的嘴"。这一次,烦请他留下尊

杜拉斯自述

姓大名。

我曾采访过 X 和 Z——巴黎的阿尔及利亚人:"你们一直处于恐惧之中吗?是不是有时候,你们也觉得不那么害怕?"X 说:"我一直害怕死去。一个阿尔及利亚人去上班时,会问自己今天晚上还能回来吗?去上班的时候害怕,下班的时候也害怕。穿着工作服工作时会好些。我住在一家全是阿尔及利亚人的旅馆里。夜里,只要听到楼梯上有动静,我们都会不约而同地醒来,想着自己要死了。你们看到一个带着冲锋枪的警察,心里或许也会感到恐惧,但我们似乎感觉到了子弹向我们飞过来。我们恐惧,这种惊弓之鸟般的恐惧已内化为我们身体的一部分,如影随形,不能也不可能摆脱。"Y 说:"我不名一文,可我还是心怀恐惧,觉得去咖啡馆喝一杯咖啡也充满了冒险,去买鞋也得冒险。这不是危言耸听。两周前,我在下午三点左右去圣米歇尔大街买鞋,结果被警察带到警局拘禁了两天。我们是没有行动自由的,从一个区到另一个区十分钟的地铁对于我们都很漫长,因为这短短的十分钟内可能发生很多意想不到的事情。我因为是个阿尔及利亚人而整天担惊受怕。每次看到警察,我就换条人行道走。在被抓之前,我会想到我的妻子、我的孩子,所以我的内心充满了恐惧。一旦我被抓住,我反而坦然了。"我问:"有没有减轻恐惧的方式?我只指减少危险?"Z 说:"我从不戴围巾,更不打领带,这样就不会被勒死了。出门时,所有的阿尔及利亚人都不戴手表、婚戒,只是出于安全考虑。""房子的问题呢?"我问。X:"现在还好,但也得小心。一个阿尔及利亚人和法国人同住一家旅馆,第二天就会被捕。所以我们生活在一起,这样警察抓住了谁,我们还可以互通信息。""吃饭呢?"我问。X:"吃饭也是令人恐惧的。我们如果去饭馆,刚点好菜,警察应该就会出现。所有人都下了车。如果在街上,警察会打落我们的饭盒,说:'这是狗屎,给我从地上捡起来!'这种事情经常发生。如果我们不捡,他们就用枪托揍我们。"

——《外面的世界》

2.殖民主义

《伊甸影院》是揭露资本主义罪恶的书,是对殖民体系的控诉。在这里,首先母亲的痛苦贯穿全书的主线。被生活压垮的母亲,被殖民地行政官员吸血鬼似的敲骨吸髓榨干的母亲,身体垮了,精神也垮了。她徘徊在疯狂的边缘。"她醒了。嘴里咕哝着孩子的名字。我们没有回答她,平原上没有孩子了。她准备了晚饭,鸟肉和米饭。也没有人来吃饭。平原空了。我们已经不在了。混沌初开的土地。她受到了惩罚,母亲因为她爱过我们。"另外,这本书向在烈日炙烤下的沼泽地里为法国修路筑坝的劳工表示了敬意。他们被锁在一条锁链上,无法逃跑,无处可躲,只能在殖民地辅警的逼迫下,在炎炎烈日之下苦干至死。此外,这本书还反映了法国殖民下的这个地方的孩子一出生就面临的与饥饿、霍乱和疟疾搏斗的悲惨命运,他们的死去就像从树上落下的野芒果一样。我一直认为这是本伟大的书,它告诉我们,被迫过某种生活是不公正的,毫无理由地、猝不及防地被世界抛弃是不公平的。

——《物质生活》《伊甸影院》

3.战争的创伤

我想起战争期间常做的一个美梦。我梦见了德国的灭亡,梦见德国的领袖被驱赶到一个地方枪毙,梦见生养这些德国人的土地盖着一层棺材板变得一无用处,不能成为任何一个民族的故土。德国人和德国人的土地因屠杀了那么多的犹太人而遭受惩罚,整个纳粹的伊甸园被摧毁而成为一片沙漠。我像上帝一样惩罚他们,没有种族歧视,没有无辜和罪恶之分,德国的大地、树和人都一样遭受惩罚。在梦中,德国人的命运由我建设性地改写。

这是一个所有人都曾做也还在做的梦。只不过是醒来后有的人把这梦说了出来,有的人则将其隐藏于心。我属于前者,我一直对许多事情直言不讳,这是我的风格,一直不曾也不会改变的风格。我释放了心中的魔鬼,我在梦里杀人,就像你和他一样,我不抑制地做这样罪恶的幸福梦。德国纳粹主义者不知道自己是罪恶的罪魁祸首,而我知道。差别不在于这屠杀是梦里的还是现实中的,而在于他们是否知道这个世界是由每个人类个体组成的,而他们中的每一个个体都是一个心中隐藏着恶魔的潜在的犯罪者。对这一点无知的德国纳粹分子以为自己对别人可以生杀予夺。德国人变成了职业罪犯,因为他们没有意识到其暴行在人类历史上成了已然经历过的、公开的罪行。他们幼稚地要实现他们荒诞的梦,从一个即将衰亡的人的个人存在中开出雅利安的花朵,并期望不久有一个这样的雅利安的庄园,他们找到了一个种族。这一切极其恐怖,但又无可挽回。如果我们忘记历史残酷的真相,忘记世界上各民族的头上都时刻可能会出现一个希特勒,一个斯大林,一个皮诺切特,一个沙赫及继任者,那么我们就已经犯了罪,在某种程度上促进了历史悲剧的重演。

任何一种权力,不管出自非正义还是出于宗教信仰,只要成为权力游戏,就是忘却了作为世界公民的身份与责任,就是与整个人类为敌。纵观历史,罪恶往往始于这种遗忘。对别人的视而不见,就是对与自己相伴相生的影子的视而不见,就是对这种别人和自己共同拥有的物质性的视而不见。然而对于这个世界上的统治者来说,只有这种物质性的属性才具有决定性。国家主义已然是一种罪恶。德国的森林是雅利安民族的,德国狗和德国的财富也是雅利安的,这是一种极其愚蠢的想法,但这种想法处处可寻。所有将自然财富和艺术财富地方化的说法如法国的文化遗产便是其中的一例。但可怕的是这种想法,或者说确切地说,这种奴役在远的教育所及的地方也是不可避免的。战争结束后,德国人许多东西都不会了,包括演奏斯特拉文斯基的音乐。他们的暴行不但使人性远离了他们,也使他们与他人隔离开来,渐行渐远。战后的德国人用了多年时间重新学习演奏和指挥犹太人的音乐。苏联艺术的幼稚症亦与此同类性质。这使与所有人融为一体的人感到深深的绝望,这是一种人类的眼睁睁地看着自己的一部分慢慢从整体剥离而无能为力的最大绝望。他们的绝望源自对自身能力和影响力有限性的认识,这导致了这种人的痛苦,一种对人类完善的追求而不可达成的痛苦。我们可以对人的某些具体的部分进行改善比如安上相应的假体,但我们却不能为缺乏某种情感的人装上或注入某种情感。

在这种虚空中什么没有,什么也摸不着,因为这种虚空不与任何具体的东西相连。于是我们可以说,它远离智慧。比如,时下穿着幼海豹皮大衣的美国女性有严重的精神病,这种病其不自知,也无从治愈,因为整个世界都充斥着她们屠杀幼海豹行为的图片,她们自己却对此一无所知地活在自己的世界里。从这些雪白的豹皮,有心的人可以回溯她们不知道也从不想知道的暴行,但她们却是一群与暴行同行却浑然不觉的人。这些人也存在于我们当中,以这种或那种形式,我们不知道,他们自己也不知道。而有一天我们可能会突然意识到他们原来是这样的,他们原来一直在我们身边,这种感觉就像其人一天醒来,发现自己身边躺着一个纳粹的秘密警察。对罪恶的认识就在我们身边。

——《外面的世界》

4.我希望成为一个共产主义者

我的童年是在越南度过的,那是一段相当艰难的日子。我耳闻目睹的这个世界的不平等让我觉得有种不可名状的恐惧。我觉得所有十六岁的孩子内心都揣着一个想法:应该为此做点什么。十八岁时,不信教的我因为觉得这是个无法忍受的世界而加入了救世界组织。1944 年,我加入了法国第一政党——法国共产党。这件事是悄无声息地完成的,我没有告诉任何人,也没有征求任何人的意见。在我刚入党的前几年,我处于一种深深的狂热之中,我相信我是在为一个公正、和平、平等的新世界的诞生而斗争。这是一个工人阶级的政党,是为穷苦的人和纯洁的人的利益而奋斗的政党。我对它的狂热的信仰使我全心全意地为其贡献自己的时间和精力。那时的我星期天一大早便在我所在的街区卖《人道报》,还把售卖报纸的数额清晰条理地记在本子上;我还每次都参加 722 小组的会议,从不缺席。我穿着那身军队的粗布短工作服、翻毛靴子的制服去挨家挨户沿街敲门,有时还去咖啡馆宣扬我们的信仰。

在法国共产党内，我感觉到自己越来越被边缘化了。在我们尚不知道的情况下，党已决定和我、迪奥尼斯、罗伯特脱离关系。作为一个女人、战士、作家，我为此颇受嘲弄。1950 年 1 月 16 日，我给党小组成员写了一封信回击党对我的辱骂。在信中我首先申明我不去参加上个星期党小组会是因为之前我的党证已被吕西安娜收回，我已不再认为自己是个党员。其次，我是独自决定离开党的，不受任何人的影响。虽然如此，加入共产党已六年的我，很清醒地意识到，从某种意义上来说我还是一个共产党员。离开党的原因是因为某些人铁了心要不择手段地歪曲事实与真相，我对此早已深恶痛绝，难以忍受。最后，我再次表明，我至今仍然相信党。我也相信党终究有一天会将某一小撮为满足个人私欲挟私报复、扭曲真相之人驱逐出党的队伍的，我怀着无比的信心与乐观等待着这一天的早日到来。但这封信并未收到满意的答复。后来我还是被开除了党籍。虽然我知道这不是我的错，但我还是有一种罪恶感，我怕见人，我成为一个孤儿。这成了相当长的一段时期里我无法摆脱的心理阴影，我甚至一度认为自己将永远徘徊在这个阴影之下。虽然我被驱逐出党，但我一直认为自己依然是一个共产党员。我从来没有放弃对共产主义的期望，我一直将希望寄托在无产阶级身上。

阿尔及利亚独立事件发生的 1960 年，我觉得世界上最幸福最让人着迷的事情莫过于搞政治或者确切地说是按照自己的意愿去搞政治了。这是一种无与伦比的幸福。在这种幸福中，我们不仅可以体验到团结就是力量，而且还可以体味与禁锢思想的势力做斗争的快乐。在为阿尔及利亚独立而进行的斗争中，我又满怀激情地融身于集体之中，和战友们一起思想，共同采取行动。圣伯努瓦街的壁炉里曾藏过阿尔及利亚民族阵线的经费；我们为遭到追捕的阿尔及利亚人提供过藏身之所；我曾冒着被捕的危险为阿尔及利亚人送过装有基金的箱子；我为此还遭遇过跟踪搜查。

1968 年的 5 月 5 日的"五月风暴"中，我和迪奥尼斯、罗伯特及其他文化圈内的人士组织大家去法国广播电视局的抵抗中心在请愿书上签字并积极投身于这场战斗中。在这场斗争中，高潮的热情使我似乎又回到了朝气蓬勃的青年时代，又体会到了刚刚解放时的那种充满希望的生活。街道又重归人民，人们心中燃起希望之火，升腾起并肩作战的强烈欲望。充满激情的我走到大街上和人们一起游行，一同引吭高歌，一道设置街垒路障。我每夜都去听取大学生们热情洋溢的演讲，我号召他们不要放弃，只要足够坚持，国家一定会让渡政权的。我甚至不再睡觉，将所有的时间和精力都在大街上度过：游行、演讲。在我的不断观察中，我逐渐相信革命很快就会发生，而且成功在望。在这火热的五月里，我和莫里斯·布朗肖一起体验着充满强烈幸福感的一个月。

我们成立了大学生、作家行动委员会。后来参会的人越来越少，但这并没有影响我的热情。我发明了一些简短的语句当口令用，有时还涂写在拉丁区的墙上。我记得有一句是：我们不知道会走到什么地方，但这不能成为举步不前的理由。还有一句是：禁止本身才是最应该被禁止的。在这场斗争中我暂时摆脱了一贯的孤军奋战的作者身份，而成为融于庞大集体中的一员。委员会的成员们在思想上和政治上都拒绝选举，拒绝恢复正常的秩序。我们坚持自己的梦想，期冀我们的斗争能为马克思主义更高级理想的实现做出贡献。为了实现这一远大目标，我们——玛格丽特、莫里斯·布朗肖、让·舒斯特迪、迪奥尼斯·马斯科罗等认为只有坚持不懈的革命是最为重要的。这种将自己融入集体的做法迎合了我当时的想法，让我非常赞同。那时的我已厌倦了杜拉斯，想要换个其他身份，永远停止写作。我甚至产生了离开法国到美国去的想法。

我对"五月风暴"信心十足。当许多人最初的热情渐渐平复之时，我依然为它燃烧着。1968年9月13日，我给亨利·夏德兰写信说：我从早到晚整天置身于此间发生的一系列事件之中，5月已逝去。我又回到焦虑不安之中，我不知我能不能离开法国，这是我此刻的想法。布拉格的悲剧简直要了我的命。但我此时仍和欧洲数以万计的知识分子一样处于浪潮的中心。

《印度之歌》是我唯一获得商业成功的电影。1978年6月，它的受众已达十八万之多。但也有人指责我把富人精神上的贫乏和穷人物质上的贫乏等同起来。我认为富人是肮脏的,穷人却并非如此。虽然安娜-玛丽·斯特雷泰尔和女乞丐生活于印度的同一个地方,都失去了一切。但前者是由于内心的麻风病而自杀的,而女乞丐却是被社会剥削致死的。我不会把胶片浪费在与政治无关的事情上。每个人的内心包括家里都有藏着一个伞兵。所以我的政治观点一向是激进的。我拍电影不会屈从于那种资本主义社会宣传的官方电影。我要拍我想要表达的集这个世界的所有悲惨于一身的印度,《印度之歌》就表达了资本主义社会的宪法的渴望和对阶级平等的深切呼唤。

通过《印度之歌》我仿佛又对未来充满了希望。这个年轻的新生阶级将夺取国家的最高控制权,将人类从不平等造成的悲惨生活中解脱出来,建立一个后资本主义的平等、和谐、美好的未来社会。我相信人人都更愿意靠近将军或战士,而不是一个小女人。

……在政治上陷入绝望的我心理上也非常受挫。但我依然认为共产主义是唯一可行的道路,这里我所说的共产主义是那种原初的、没有被理想化和制度化的、尚在等待定义的共产主义。没有人天生就是革命者,但我希望我成为一个共产主义者。

——《话语的痴迷》

5.司法公正——对弱者的关注

对这个世界,我们总是避而不谈,即使偶尔谈及不过是作为传奇故事罢了。我就为了要揭发法国社会的不公不义。法国人拒绝反省阿尔及利亚战争、极权政体高涨、地球军事化、牵强做作的社会教化,凡此种种,我一直都实话实说。监狱历来是我们这个世界难以驱除的阴影,因此,我认为把我和一个前罪犯关于他入狱缘由的谈话公开发表是有重要意义的。可能谈话中的某些内容会有损于某些人的道德、政治、宗教方面的信仰。我的访谈对象 X 请求我不要将他的身份公之于众,还说关于这样的话题,他觉得更具攻击性会更好一些。我也向参加 1955 年对 X 的重罪审判的让-马克·泰奥莱勒询问了他对这个前罪犯的看法。我将他的回答原封不动地记录如下:"审判他时,我觉得作为被告的他在法庭上坦然扮演了他的角色,不卑不亢地直面令人厌倦的司法程序,证明自己与这些审判者一样在社会上有自己的立足之地。这是给我这样感觉的第一个被告。往常的那些站到重罪法庭上的被告早已崩溃了,不是妄自菲薄,就是竭力洗脱罪名。但在他身上,我们看到了一个男人,他勇敢地担起了属于他的责任,但也让我意识到,这责任不应由他全负,法律、社会应和他一起肩负这一责任。"

当问及他的监狱生活时,他说监狱里的生活除了使他变得更糟以外,没有任何益处。三十五岁已有十四年狱中生活的他觉得自己已经无可挽救,已经与幸福无缘了。他还说人们总以为监狱能让人受益,实际上监狱除了能使人丧失享受生活的能力,别无益处。当问他审判过程的合理性时,他说在重罪法庭上,一旦你承认"流氓"这一罪名,法官就不会再根据事实而是根据名声来判案了。他自己就是一个活生生的例子。对于被告来说,敢于陈述事实是件再可耻不过的事了。再预审或重罪审判时,为自己辩护在法官甚至是自己的律师面前都是一种愚蠢的顽固。他觉得对他的指控和他所服的刑之间是没有必然联系的。因此,他从来反对任何形式的监禁。

——《外面的世界》《杜拉斯谈杜拉斯——悬而未决的激情》

6.生存上的犹太化

有段时间,我和迪奥尼斯常听罗伯特谈有关犹太人的问题。久而久之我确实受到了很大的启发。我完全变成了另外的人——犹太教徒。这使我想要打破原先纳粹一直宣扬的犹太人不是人、更不属于整个人类的论调。我沉醉于对犹太人的种种言论,甚至觉得如果有犹太血统的话,我便是地地道道的犹太人了。在我眼里,犹太人身上自带有一种哲学和存在的光环。他们似乎拥有一种与生俱来的超自然的能力,一种红衣主教般的价值,这使我们不约而同地信仰加入了理想化的法国共产党。后来虽然我们对之失望了,但这种生存上的犹太化也深远地影响了我们的一生。别忘了,在当时,犹太人是公共话语领域里的禁忌。战争结束后,人们以一种漠然的状态对待集中营里的幸存者，这种隐藏于尊重和礼貌之下的沉默体现了人们对于战争及其恐怖性的集体性回避。不管是知识分子还是政客，当时几乎没有人敢于直面并揭露维希政府的反对犹太人的恶行，更没有人进一步从深层次的心理与理性上去体察纳粹分子把犹太人当作燔祭的可怕后果。直到 1948 年阿尔贝·加缪在给雅克·梅利的《让我们的人民过去》作序时才谈及反犹主义。

我小说中的很多人物都和犹太人有着密切关系。他们要么是犹太人，如奥蕾利亚·斯坦纳、劳儿·V.斯坦茵，要么有拥有犹太人的名字，要么可以被认为是犹太人。我把犹太人写入了故事，写入了小说，也写入了电影。但在这些作品中犹太人和我一样陷入沉默。在相当长的时间里，我内心无比痛恨德国人，我想惩罚德国人和这片残害犹太人的德国土地。这种复仇的愿望如此强烈，如此可怕又如此令人迷醉。

《圣经》一直是我最喜欢读的书，随着年龄的增加，我将《圣经》不知读了多少遍。但它真如人们所说的是本千古奇书，每次读它，我都能读出新的内容来，我在读它时常常高声背诵我喜欢的段落。我对自己不是犹太人深为遗憾，真可惜我不是犹太人，即使我《圣经》读了很多遍，我也不是犹太人。不是犹太人就意味着多做愚蠢之事的可能性。犹太研究让我对我生活于其中的西方文明产生了深深的怀疑，与天主教教义彻底决绝。我们更深刻地理解犹太教，远离对个人的狂热崇拜，寻找一种混合的新思想、新文化。

我从来不用纳粹来指代德国人。我确信某些德国人永远也摆脱不了他们曾经的屠杀，他们的毒气室，他们扼杀的犹太婴儿，他们在犹太青少年身上的外科实验。他们永远永远也摆脱不了。地球存在的万世之末也绝不会忘记德国焚尸炉里被烧焦的犹太人的骨灰。仿佛突然间惧怕变成了法则，我意识到政治罪恶总是法西斯式的。左翼人士杀人时绝不与别的任何人对话，而只是与法西斯主义对话。我明白了扼杀生命对于杀人者来说就如同泥鸽射击一样是一种法西斯式的游戏。我懂得了任何罪恶从根本上来说都是一种对暴力、对武器的愚昧，而可悲的是许多民族都把这种愚昧当作既令人恐惧又令人崇拜的权力本身。这是一种耻辱。

出乎意料地我在诺弗勒城堡的蓝色壁柜里又发现了早些时期写的日记。我知道这是我自己写出来的东西，虽然我曾经将它遗忘于记忆的不起眼的角落里，就像我把这些文字长时间的弃于冬季浸于水中的这座乡间别墅。那熟悉的笔迹，那读来仍唤起回忆的种种细节，让所叙述的一切像电影一样在脑海中一一闪过：故事的发生地奥赛火车站，此间不知疲倦地来回奔走。但有关写这些日记的具体时间，具体地点却难以从记忆中浮现出来了。只模糊地记得他们是在等待罗伯特期间写的。这些让我难以归为写作的文字现在读来让我惊异无比。我看到的是一页页极为规范宁静的细密字体，描述的是一种对我有重要而深远影响的经历，呈现的是如今不敢也不想再回首的极为混杂的思绪与情感。

我终于在这场战争中幸存下来。我失去了一个孩子一个兄弟，在抵抗运动中失去了很多朋友。他们都死于集中营，但与犹太人的整体命运相比，我个人的这些损失算不得什么。当时谈及这个问题时，我一直激动不已，这恰恰是我通过《奥蕾莉亚》中想要表现的。

我知道是时候理性地耐心地等待罗伯特的回来。打了无数次的电话，接了数不清的电话，罗贝尔依然没有消息。我不知道自己是应该去寻找还是待在家里等待。在焦急、无望的等待中，我无数次想象着他离开的各种各样的悲惨的方式，这样的想象让我无比痛苦，尤其是在黑暗孤寂无边的夜里。这种刻骨铭心的痛苦几乎令人窒息，需要宣泄。我想象着他在离去时应该呼唤了我的名字。他像许许多多的人们一样在没有任何消息的情况下经历着这一切。德国人曾让他们疏散，但最终还是谋杀了他们。战争是一种事实，这种铁的事实的必然结果是死亡。战争结束了，纳粹德国被摧毁了，他也被摧毁了。战争结束了，一切都结束了，留下像石头一样枯瘦的我，在绝望地等待杳无音讯的他。

我决定不再在家里等待，这种等待太熬人了。我要去积极地寻找他，去奥赛接待站向那些有幸归来的人、向那些接待站的工作人员打探他的消息。但我的内心还在经受等待的折磨，此时对于我来说只有等待，除此之外,生命已不再存在。这是一种历史悠远的亘古的等待,人类历史的长河中有多少女人经历过、正在经历着或许将来还要经历等待男人们从战场上归来的永恒的等待。

我终于在 5 月里的一天等来了罗伯特的消息。电话是弗朗索瓦·密特朗从德国打来的。我为此高兴不已,担心不已。几天后,再见到罗伯特时,我走开了,上了楼梯,我嚎叫起来。战争中累积的痛苦,等待他的痛苦,在这种歇斯底里的狂吼中得以缓解。整整六年,我的生活中缺失了这种吼叫。但这六年中我经历了种种难以忍受又不得不忍受的非人的痛苦。到了邻居家,他们强制地把朗姆酒灌进我的嘴里以湮灭我恐怖的神经质的号叫。

一阵嘈杂声之后,我看到了罗伯特。我认不出他了,虽然我知道那是他。他微笑着看着我,脸上显出一种极度的疲倦。当他强装的笑容消失时,他又变成了那个我曾经如此熟悉、现在如此完全的陌生人。瘦得满脸皱纹、形容枯槁的他只剩形体。巴黎已经有几个从集中营回来的人过早吃东西造成的事故。当人们因此而不让他吃东西时,罗伯特的脸上不由自主地浮现了一种清晰的、难言的痛苦,但他默默不语地接受了。飘摇于生死之间的他开始了与死神的斗争。此时一米八七高的他仅有三十八千克。如此瘦弱的他关节直接接触的地方,只要触碰一下皮肤就痛得受不了。他连续高烧了十七天后,温度才逐渐恢复正常。此时,我们才开始试着给他吃点儿东西。他的饥饿令人恐怖。吃和等待吃占据了他所有的时间,放在他面前的食物不管三七二十一就狼吞虎咽地一扫而光,进入等待吃的状态。他自身消失了,饥饿占据了他。他像一个无底洞一样不知吞噬了多少食物。饭菜做得不够快时,他呜咽着说人们不理解他。他有时还偷吃冰箱里的面包。当我们告诉他别吃太多时,他哭了。就这样,他一天天地沉浸于这种简单的吃的快乐之中。他看不见我,已把我遗忘于这种快乐之外。

在他发高烧的十七天里,我吃不下东西,也睡不着觉。这么多天下来,我觉得自己已十分接近我渴望的死亡。但我也觉得无所谓,自我似乎已经不存在或者发生了转移。我已变成了那个醒来觉得恐惧的一个陌生人,一个恨不能成为此时的他代他受苦的人。我一直沉浸于这种想法之中。我根本控制不住自己的泪水。哭泣成为我生活中的一种需求，一种责任。我能用全身、用整个生命哭是我的运气。对于我来说，写作和哭泣是相通的。此时，希望是有的，但无尽的难言的痛苦也深深地植根于这点儿希望之中。有时，我甚至会为经历了这么深的痛苦我还活着而惊讶。罗伯特的精力终于恢复了。也正是在这场生与死的搏斗中，我更清楚地认识了他，认识到了他与我周围的一切人与物的不同。我领略到了他的气质，使他从集中营中幸存下来的智慧、学识，还有他独有的不怨天尤人的胸襟。

在我与华沙犹太居住区的幸存者 M 的谈话中，他说："那时我很小，但我们一直害怕会被饿死。'大行动'到来前，我们都害怕遇到荷枪实弹到聚居区来的德国人，但我们还不是那么害怕。聚居在一定程度上给我们一种安全感。我的父亲拒绝了一个德国人把他藏到德国的帮助，而是待在华沙，我想不仅是出于团结，也是寻求一种安全感。'大行动'来临时，不惜一切代价的存活下去是减轻恐惧的最好办法。但也有很多犹太人选择了自杀。这和'大行动'前想尽一切办法活下去一样都是对德国人的一种抗争——我们宁可自杀。1942 年 7 月至 12 月的'大行动'时期，一种令人绝望的对死亡的恐惧攫住了我们。我们一直处于这种恐惧之中。德国人每天都在减缩居住区，每一天，我们就距离死亡更近一点。"

当问及有关住和食物的问题时，M 说："我父亲是个化学家，工作了很长时间。母亲是个细菌学家，工作很忙，那时工作是很重要的，不仅能提供一种物质方面的保障，还能带来精神方面的保护。没有工作的人不仅会受饿至死，还会遭受各种侮辱。我家里很有钱。黑市的食物价格不菲，我父母还买得起。所以我没有挨过饿。可是我上学路上总看到饿尸遍野，大多还都是孩子。我的第一位老师就是饿死的。外省的犹太人都来到了华沙，住的情况很恐怖。有些人不得不露宿街头，暴尸于街头。在这种处处弥漫着恐怖的气氛中，我们只剩下犹太记忆。如果一个犹太人偷了另一个犹太人的东西是会受惩罚的，一个德国人偷了一个犹太人的东西绝不会遭受惩罚，但一个犹太人偷了一个德国人的东西就会被枪毙。那时还小的我，面对强大的德国人,没有要复仇的想法,却有一种自卑之情。但我父亲常说,等俄国人来了,他就加入秘密警察,杀光所有的德国人。"

在刚刚过去的这场战争中,在世界的这一边,万人坑里的死者尸骨如山。百万的犹太人被焚烧,美洲诧异地望着这里冒着烟的巨大的焚尸炉,我们在为这些犹太人哭泣。我们属于这里,属于欧洲。被禁锢在一起的我们面对着欧洲以外的世界。我们属于被焚尸炉毁灭的、在马伊达内克被煤气谋杀的纳粹种族。布痕瓦尔德的焚尸炉、令人痛苦衰弱的饥饿、贝尔森的公墓对我们来说一律平等。这些墓坑掩埋着和我一样同属于欧洲家族的尸骨。死去的人太多了。七百万的犹太人被谋杀。他们被装在运牲畜的车里运到煤气室里毒死,再在焚尸炉里毁尸灭迹。这种在德国运行的有组织的、合法的谋杀使人义愤填膺,使人困惑不解,使人震惊不已。这是德国人么? 这个生活在世界历史上最伟大最文明的民族之一竟然在历代享有音乐之都的美誉的这片土地上制造了史无前例的、大规模的种族屠杀。这种屠杀在这片土地上以一种有组织的、合理化的方式有条不紊地谋杀了一千一百万人。这种如此疯狂的、如此不可救药的屠杀造就了一座上帝的受造物用它的同类制造的如山的死人堆。对这一足以令全世界都为之震惊不已的罪行的唯一解决途径就是把它看成所有人的罪行,以一种我们都是这种惨绝人寰的罪恶的一部分的思想来分担它,就像我们分享平等博爱这一思想一样。

——《外面的世界》《痛苦》《玛格丽特·杜拉斯在蒙特利尔》

7.妇女解放

在这样一个男性主宰一切的时代,男人成为导致女人生活中诸多困难、挫折、不幸的最大敌人。必须等到这时代过去。只有等这个男性主宰的时代过去,我们女人才能喘上一口气。

我真的体会了作为一名女作家才会遭受的种种非难与攻击。就我知道我已是千夫所指了,对此,我真的置若罔闻。我首先只是被人辱骂,后来有人试图用辱骂这种方式来阻止我做我想做的事情。而我恰恰不理会这一套,依然我行我素地做着我想做的事情,就像我不知道我挨骂一样。我觉得如果我不是一个女人,就不会有人整天对我的职业指手画脚。我之所以这样说是因为一些言论是专门针对女人来说的。比如这个女人竟然胆敢要自由? 为什么? 现在妇女解放运动在一定程度上已使这种情况得以改观。首先现在有一些对我的作品真心感兴趣的女人来找我谈论我的作品和我写作的事。但在我的日常生活中,没有人对我的工作感兴趣,好像它是让人羞于启齿的梅毒。连和我一起生活的我痴爱的男人也是在外面对我的工作高谈阔论,回来还会告诉我他和某某讨论了一小时我的新书。但私下里和我独处时,他对我的法语水平颇多指摘。从我出版的第一本自由的书《如歌的行板》开始,我对别人的建议、指责、审查通通置若罔闻。我用了好多年时间才修炼至此境界,一次,一位我认识的作家说大家对我一向很宽容。但我认为这种宽容是家长式的、以你屈服于他的权威为条件的宽容。这种宽容是以写作应是男人的事,而女人写作的话只能是二流作家为潜台词的。

妇女解放运动是一种进步还是退步似乎有点儿难说。事实上我讨厌一成不变的固定的东西。现在的一种想象是你接近一个女人时,通过她赶时髦的言谈举止就能判断出她是否属于某个政党、团体。这让我这个曾经历过某些党派内通过一套所谓的战斗精神,对人的思想的限制与固化的老套做法有一种不安。而妇女运动最重要的、最能使女人——不论是独自待在外省还是待在高层公寓里的女人——受益的都是这种思想的广泛传播。

这种思想的传播对于妇女解放是大有裨益的。我自己就已从中受益了。现在有不少对我作品感兴趣的女人来找我聊我的作品和我的写作。以前人们在谈到“她写作”时似乎在说“她穿的是长裙子,但现在流行的是短裙子”。我觉得以后这种言论引起的共鸣会越来越少。近来《玛丽·克莱尔》上一篇涉及青少年性问题的文章让我惊骇不已。这种用无时无刻做爱的方式来解放身体的性解放就是对身体的贱卖、蔑视与侮辱,是对身体的犯罪。这些现象在妇女解放运动中时有出现。现在年轻人的希望是抽象的、模糊的,他们欲望的满足不是通过有选择的个体,而是随性而至,这就太可怕了。在这样一味追求经验的数量的情况下,一星期七次或二十五次的不加选择的——没有感情的做爱等于什么也没做。数量并不完全等同于经验。一个荡气回肠的爱情故事比四五十次这样的经验还要有意义。

家庭观念在社会里，作为社会基本单位的家庭应该有它应有的样子。我虽然抛弃了家庭，但我依然觉得没有比家庭更让人有安全感的地方了。父亲、母亲、孩子们形成一个密不可分的整体。这个团体中是一位有智慧的母亲有意识地在几个孩子中间培养平等和谐关系的学校。生活在这样家庭中的孩子是幸福的，母爱在我看来是个奇迹。母亲会对每个孩子生理上或心理上的需要予以满足。在人口众多的家庭中成长的人会更加地公平、公正与无私。家庭的解放源于每个个体的解放。处于家庭中心地位的母亲如果由于父亲和外界的原因沦为奴仆地位的话，家庭的解放便无从谈起。所以从这个意义上来说家庭的解放主要来自女人，来自母亲。但事实上，这个世界依然是由男性统治的。他们轻视、侮辱、殴打甚至杀害女人。女人为何要忍受这一切？是因为孤独吗？我认为当孩子们不在家的时候，资产阶级的女人才是真正孤独的。而工人阶级的许多女人因为有工作反而不孤独。她们拥有许多共同的东西，所以她们可以在无论什么样的地方或场合——市场上、路上、校门口，一见如故地聊天，从丈夫到孩子，从工作到厨房，从购物到吃喝拉撒。她们总是有分享不完的经验与体会。但一个资产阶级的妇女则无所事事地待在家里。她不用在厨房里忙碌，她不用去学校接孩子，这是保姆的事。她甚至没有同一层楼的邻居。当然也有许多工人阶级的妇女孤苦伶仃地蜗居在低租金房子里，没有聊天的对象。关于女人是不应该有人为的富人和穷人之间的阶级划分的。

我觉得我就是一个相对自由的女人，或者说是被解放了的女人。写作使我经济上能够独立，不依赖任何人，于是我不再惧怕烦恼与失望。我把它们视为人间最常见最普遍的事情，而不是只有少数不走运的人才会遇到的东西，然后调整心态，积极地去面对它们。于是，我坚持不懈地从一本书写到了另一本书，从一部电影拍到了另一部电影。这种不断的生产或者创造让我在这个属于男性的世界上找到了我自己的位置。

——《话多的女人》

8.女性可怕的沉默

大约三四年前夏季的一天下午。在法国东部的一个小村镇,自来水厂的一名员工来到小镇上一户落后得令人侧目的人家断水。他们经市镇允许才住入这处因高速列车经过废弃不用的火车站里。一家四口,父母和两个分别是四岁和一岁半的孩子。他们靠镇政府的少量资助和男人外出打短工的微薄收入挣扎在死亡线上。他们早已无力支付煤气费、水电费。水厂员工到来时,男人不在家,只有默不作声的女人和孩子们在家。他按照接受的命令履行了他的工作,切断供水。这就让这一家在酷热的夏季没有水喝、没有水洗澡。当天晚上,男人和女人一起带着两个孩子走出废弃的火车站躺到了高速列车驶过的轨道上。这是一场事故,也是一个故事。

那个水厂员工后来辩解说那个女人没有要求继续供水,他也没有看到小孩。这就是水厂员工的说辞。但那么小的孩子在那样小的地方应该是和母亲在一起的。她没对他说她有两个那么小的孩子,因为他们对他而言是可见的;她也没有对他说这是炎热的夏季,因为他也和她一样感受着夏的酷热。她就这样默不作声地让水厂员工断了水之后走了。她和两个孩子待了一段时间后,去了村里的酒店和她认识的老板娘见了一面。回到家后便带着孩子走出家门,后来就是故事的结局。

我从中看到了我自己:面对前来断水的水厂员工,她什么也没有说,什么也没有做。这个落后的女人,人们相信本应说话的她什么也没说,她总是沉默——在她应该说些什么的时候。关于生死的重大决定她也保持绝对的沉默,只字未提。其实在水厂员工走后的时段里,她如果说了任何话语和她最后决定的性质都是等同的。这样的语言可以说达到了语言能达到的最权威的境界,但是这些语言,却和她一生的沉默一样从未被人在意过,理解过,抓住过。而她的沉默,尤其是水厂员工断水走后和她与酒店老板娘见面的这段时间的沉默,正是文学中意义无限的留白。正是这种沉默让我有所思、有所想、有所写,也正是这份留白,让我能够进入这段历史的时空,长驱直入其内部、其深处。如不然,这个故事便不会成为我关注的对象。

这个对发生在她身上的一切保持死一般静默的女人内心深蕴着一种高深莫测的强烈本能。这样一种自发的本能由于各种各样的原因演变为一种沉默。这是男人难以企及的悄无声息的静寂,这种几乎可以说是女性专享的静默是历史不断积淀的结果。这个落后的女人深深地懂得她是不能也不可能依靠任何人拯救她的家庭于这样的困境之中的。她这样的家庭已经被这个社会、被所有人遗弃了,留给他们的只有死路一条。这样一个落后的女人竟然能领悟如此可怕、如此深刻、如此沉重的真相!在她的悲剧之后,人们是应该反思一下他们能做、应该做却没有做的事情了。人类历史的长河中,湮没无声的总是女人。因此文学是属于女人的。文学里讲的是她们,她们也从事写作。这就是女人。

——《物质生活》

9. 历史就是数字

在遥远的历史早期,犹太人及犹太民族既已存在。基督,自以为能听到上帝的声音并将其传达给民众,因而像政治犯一样被钉在十字架上。20世纪,被杀害的犹太人至今仍埋葬在德国的土地上。德国人的谋杀使他们的认识历程在初级阶段就戛然而止。时至今日,每每提及此事仍使人义愤填膺。就是这种对于许多人,对于一个民族惨绝人寰的、赤裸裸的谋杀使德国成了潜在的、患了地方病的行尸走肉。我认为它直到今天也没有完全活过来,或许它永远也不会活过来了。直到今天它或许还对自己、对自己的未来甚至自己的面孔感到恐惧或憎恶吧。有人会提到斯大林来与它相比,但我想说的是斯大林出手击败了德国的纳粹分子。如果没有他,整个欧洲的犹太人可能都会死于德国纳粹分子之手。如果没有他,就得由我们出手杀死这些屠杀犹太人的德国屠夫,做德国人所做的、为我们所不齿的残忍之事。

犹太人这一词在各处都是纯洁的象征,但它必须和其所代表的期许相符。我们已不知道期许它什么,因为犹太人漫长悠远的历史已被德国人焚毁了,阻断了。德国血统所谓的"纯洁性"是德国不幸的根源。这种德国血统的纯洁性导致了几百万犹太人被谋杀,被屠杀。我认为,十分肯定地认为,在德国,这一词必须被焚毁被消灭,而且是公开地,而不是秘密地让流出血,德国的血;不是象征性的,而是让人们见到这种受人嘲讽的血便痛哭;不是为自己哭,而是为了这德国血本身哭。但这样还可能不够,远远不够使人们相信怎样才能保证这种德国的残暴的过去不会重现于我们的生活中,不会在历史的长河中重现。也许人们永远不知道怎样避免同样暴行的重演。

在此,我恳请读到本文的人帮我完成一个自三年前比扬古的雷诺工厂关门后就已在我心中的计划:我想要将在这一各国闻名的工厂里度过一生的所有男男女女的姓名记载下来,我想要这份不需附加任何评论的名单、完完整整的名单。这份名单可能比及一个大首府的人口数字。任何文学都无法抹杀这一数字的铁的事实:无数男人女人在雷诺工厂劳动的状况——全部的辛苦、生命。我为什么这样做?为了看看它加起来会是什么,无产阶级的墙。在这里,历史就是数字,真理亦是数字。无产阶级最显著的纯洁就是数字的纯洁。真理是没有比较亦无法比较的数字,纯洁得不需要任何文字评论的数字。

——《写作》

10. 我眼中的巴黎

在巴黎,我无法外出,这是一种让人无法容忍的被剥夺的感觉。对于我来说,我需要写作的地方,也需要不写作的地方。在巴黎,我一个人外出是不可能的,到外面走一会儿,我就犯了呼吸困难症。但在黑岩旅馆,不管是在黑暗的走廊里还是在外面,我都会感觉很舒服。人们说我患了肺气肿二十年了,我对此将信将疑,有时相信,有时不相信。巴黎街上的光线十分充足,使大街仿佛成为一个密不透气的囚笼。一走在这样的大街上,我就会呼吸困难。坐进汽车里对我来说有一种如获重释之感。我的确逃脱了你们,因为我以你们为写作对象,我为你们写作,不论我走在哪里,总能遇见你们,总能被你们认出。这于我已经成为无药可解的恐惧。只要我开始写巴黎的街道、人行横道、广场等公开的空间，我心中就涌起这种恐惧。这种像其他人走出家门去悠闲散步的再平常不过的行为对于我来说早已成为过去。万幸的是上帝为我关上门时也给我留了一扇窗。这扇窗就是汽车。汽车给我一处小小的却是私人的空间，让我可以游览塞纳河、诺曼底，让我可以活下去。我开车时得有人在旁边陪着我，不然我会感到莫名的恐惧，甚至把车停在某个地方或去停车场找车也让我感到恐惧无比。在开车没有人陪的情况下，我宁可在公寓里闭门不出也不愿独自长途驾车。在大路上开车，我开得又快又好。

在特鲁维尔，无论白天还是黑夜，海总是具体地抑或抽象地与我相伴，这让我感觉很好。但在巴黎只有有风和暴雨的日子，我才会想起久违的海。在巴黎我有一种空间上的恐惧感和局促感。在这儿总是有来自远方、来自德国的人敲我的门，他们希望和杜拉斯夫人聊聊，似乎我的时间是为他们预定的，仿佛我有责任、有义务与他们聊聊我自己。这些我珍重、我为之写作的人让我感到恐惧。

在巴黎，随处可见大城市的令人无法忍受的一切：死亡市场、毒品市场、性市场。不仅如此，屠杀老年妇女、纵火焚烧黑人集聚区的事情时有发生。这里还混迹着靠汽车起家、为非作歹甚至杀人的汽车居民。现在，可以说巴黎城已沦为掩盖罪行、庇护罪犯的老城窝了。巴黎的混乱是臭名昭著的，而高速公路网则把巴黎这种二十年形成的混乱融会贯通。巴黎各处的森林丑闻不断，布洛理森林白天是商人非法交易的场所，夜晚是警察和妓女的淫乐之所。巴黎的饮食也是糟糕透顶的，本应体现法国文化、款待全世界知识分子的第六区也臭名昭著。至于这些原因，我更倾向于糟糕的教育导致知识的贫乏、行为的逾矩。教育、礼仪、修养、精神气质的沦丧导致人们只剩下那份精于世故的经商头脑。

现在的巴黎有相当多的没有证件、没有正式稳定工作、没有家庭居无定所的流动人员。他们多得令人为之担忧，他们是被遗弃的边缘人。他们没有吃的就去超级市场偷窃，没有穿的也可以用偷来解决。这些人已经形成独特的无法确定种族的混白肤色。他们都是黑卷发、黑眼睛、高大英俊，却无所事事地混迹于各种各样的场所,他们只是活着,只是到处闲着。

巴黎的各个季节有不同的美。巴黎的建筑华丽壮观。巴黎虽已不再有以前的那种感受力,但人们还是认为接近她更易接近这种建筑、写作、绘画甚或政治艺术的感受力。不管怎样,人们认为在法国对一切知识最本质、最敏锐的感受力还是在首都巴黎。

——《物质生活》

七、晚年撷英

1.作为母亲的我

我喜欢花一样的少女,更喜欢并尊重做了母亲的女人。做了母亲的女人才是生命完整圆满的女人。对于我来说,没有孩子的女人不是真正的女人。而我的第一个孩子,因为生产的条件很恶劣,生下来就死了,这对我是一个沉重的打击,也是我一生挥之不去的阴影。为此,我好几个月都难以入睡。我试图找到导致这个结果的原因,我怨恨造成糟糕医疗条件的战争,怨恨那家医院接生的嬷嬷。那段时间我断绝了和外界所有联系,我对罗伯特说除了他我不要任何人来看我。

我的儿子乌塔于 1947 年 6 月 30 日出生,乌达是他的绰号,他的名字叫让。他是我生命中的奇迹。我喜欢孩子,认为生命本身就是一种奇迹,我只是遵循自然规律。他给我的身体上和精神上都注入了强大的活力。我能够孕育创造生命。我为这个生命的诞生而骄傲。我怀抱着这个刚刚获得独立与自由的小生命。我的生命从此与他紧密相连。他最微小的变化也能感动我的生命,牵动我的生活。

我专心照顾他,他慢慢长大。他是一个古灵精怪、调皮可爱的孩子。我钟情于他,疯狂地迷恋着他。我在三个男人中间生活着,这三个男人首先就是他。每次报纸杂志采访时,我都会提到乌塔,他是我生命中最重要的人,接着才是迪奥尼斯和罗伯特。自从他出生的那一时候起,我就一直生活在疯狂之中。

有了儿子乌塔后,我才发现我是一个贪婪的、占有欲很强的母亲,但也是一个幸福的尊重孩子的母亲。我们有属于自己的密码、仪式、语言和交流方式。我相信,我儿子远比那个写作的我给我带来的幸福和快乐更多。我记得,我带着儿子走在人来人往的大街上,他笑得出了声。风将这悦耳的笑声吹拂进我的耳朵。于是我打开了童车的篷,递给他长颈鹿,想再讨他一笑。我将头伸到车篷里,想更近地聆听这声音——我孩子的天真笑声。我把耳朵贴在贝壳上,我倾听到了大海的声音。不过,孩子的出生在很大程度上也没有改变我的生活方式,除了给他喂奶之外。对于做了母亲的我来说写作演变成为一种对真相的体验,面对这个纷繁芜杂的世界,面对自己。

1947 年 8 月初, 我和迪奥尼斯带着孩子离开巴黎去了同伴借给我们的齐农城堡。这是一座被草地包围的房子,景色宜人,空气清新,生态和谐。它是人们的乐园也是虫子的乐园。在此,孩子的幼嫩的皮肤上被恙螨幼虫叮咬得旧伤加上新痕,他因此而获得了一个绰号乌塔,直到今日他仍然有这个父母的昵称。我快乐地照顾着儿子,带他散步玩耍。我喜欢满怀欣赏地看他摇摇晃晃地学步,那样子像一个惹人发笑的小醉鬼。我喜欢听他的牙牙学语,对我来说,那是世界上最为美妙动听的天籁之音。我的儿子在音乐方面颇有天赋。他学钢琴时,我的生活被打乱了。有整一年的时间,我没有写作。我唯一做的事是陪他上钢琴课,监督他练琴。孩子给我带来了无比充盈的快乐与幸福。

写作中,我似乎痴迷于母亲的多面性:一个孤独奋斗的母亲,一个殉道士一样的母亲,一个不知欢愉为何物却生下一个充满欲望的女儿的母亲。在写作《情人》时,母亲已经成了日后我经常重复的一个词——通用写作。我认为也确信自己要表达的唯一主题便是一个母亲对儿子偏执的、充满激情的爱。这种爱像大海的巨浪席卷吞噬了它所经过之地的一切。起初,我对这种可以摧毁一切的母爱是难以理解、难于接受的。但经历了很多世事特别是受和儿子乌塔的关系的影响之后,较之以前的谴责与蔑视,我给予了母亲更多的理解,也对游手好闲的大哥充满了同情。那时,他依然孤独,甚至更加孤独,也不再年轻。但母亲对他依然如旧时那么宠爱,依然把他置于她心中至高无上的位置,他依然是她独一无二、不可侵犯的中心。

经历了因出版《抵挡太平洋的堤坝》而引起的和母亲之间更深的误会,我在费雷角和乌塔度过了七月。在陪伴儿子慢慢成长的过程中,我们之间已经建立了一种心照不宣的激情。我要保护他,为他的生活保驾护航,一如当年我的母亲。我不是一个疯癫的母亲,母性会让人变得善良。我对乌塔的照顾无微不至,这也可能源于母亲的那种占有欲,但我在享受这份占有的快乐的同时,我因为从来没有让他独自生活而招致了朋友的一些微词。

属于自己的房屋是一个家庭的住所,是男人、孩子在外闯荡累了身心得到休憩的港湾。这样的房屋能够成为温馨的处所不在于其奢华,也不在于其是否宽敞,而在于经营它的女人能够有办法将孩子与男人外逃的心性掌握于其手中。这对于女人来说是一生需要经营的事业。

由女人一手营造的孩子与男人安居期内的房屋是女人永恒的希求,这样的企求到最后已在不知不觉中超脱了女人对于一家人幸福的追求,而成为对这种追求本身的不自觉的追求。这种深入女人日常生活方方面面的细节的追求是女人一生乃至生命最后一刻的追求。女人的这种对幸福的追求已成为孩子的榜样,只有这样的女人才能引导孩子在生活中不断追求幸福的不同境界,引导孩子们关注更为广阔、更为深邃、超越个人幸福之上的大多数人的幸福。

我对购置一所属于自己的房屋渴求由来已久,诺弗勒城堡在某种程度上满足了我的夙愿。虽然它是一所已有两百多年历史的农村建房,虽然在 1958 年我购买它时,这所房子里在过去的岁月里已居住过不同的女人,虽然这所房子里处处清晰可见地遗留着其他男人、女人、孩子、动物的痕迹,但我依然喜欢它。有时,我想这所房子里居住过形形色色的女人。但大抵这些女人也和我一样每天从早上睁开眼睛到晚上很晚入睡期间都载满了一天的疲惫。这是比男人辛苦得多的疲惫。女人总是不得不根据家人、他人甚至其他的一些情况灵活地、弹性地劳碌与休息。她一天的时间要被各种琐碎的事情分割成不同的忙碌的时间段，这些时间段被无缝地衔接起来，这只一天到晚不停地旋转的陀螺能有半小时的时间瞅一眼报纸已是谢天谢地了。一个时间被切割得七零八落，没有时间思想的母亲忙碌的过程，就是男人耳根清净地享受宁静而连贯的大把时间的过程。这种宁静而连续的消受对男人来说历来如此，在他们眼中忙碌的女人的辛劳如同乌云之后下雨一样再正常不过了。这种情形对于中世纪的男人、大革命时期男人甚至 1986 年的男人历来如此。而女人的情形则不论是在过去的任何时代还是眼前我们所处时代都是在一种极端恶劣的条件下忙碌地在死亡的绳索上旋转着，旋转着，直到生命的尽头。也就是说，这么多世纪过去了，女人居家度日的模式依旧。这是早已被文字描述过不知多少遍的生存模式，女人也觉得这种方式一直在延续，不断地、不变地在延续。这种她不得不、无可选择地过着的女人的生活、女人的行动模式已成为数世纪以来深不可测的不可更改的孤独戏剧，女人就在这出戏剧里旅行。这就是我没有目的却又必须得坚持的写作。我不是为了有所作为，也不是为了女人而写。我笔下的女人便是我，穿越了许多时空呈现在此时此刻此地此境的我。

我的母亲是我的第一所学校。母亲爱清洁达到了一种病态的洁癖的程度，受到三个幼小孩子负累的她总是把房间里外打扫得纤尘不染。只要有一处房屋，母亲便不会让我们有被抛弃之感，就不会让我们陷入困境。母亲辛苦地劳作、购买那片海边被太平洋的海水浸淫的租让地、修堤坝保护自己的田地都是为了让我们远离拮据的生活，远离一些会让我们手足无措的事件，如战争、水灾、旱灾。母亲的愿望虽然终其一生不懈地努力终归没有实现，但是对于我们来说，房屋、母亲、吃穿用度我们还是有的。经历过两次世界大战的母亲的这种忧患意识使她不断地为第三次世界大战的来临储备食物：果酱、砂糖、干面条。这种弥漫于她一生的悲观主义也无可避免地传承给了我。直到现在,我都会时不时地检查大橱里是否有足够吃的、喝的。这些生存必备的东西我一直为我所爱的人和我的孩子储备、储备、再储备。事实上,在母亲任职过的住所她储存的东西早已超过了自身或者说自家生存之需要。她的这种对食物等所需物品的储藏已让住所成了家屋,成为围绕其自身的家屋。母亲的这种有点悲观主义的预言意识我已承继下来,并对她深怀感激。

　　房屋有外部秩序和内部秩序之分。所谓外部秩序就是家里能够看得见的秩序,而内部秩序则与思想、情感、观念紧密相连,这是相对于外部秩序而言更为稳定持久、更为接近人性的部分。母亲一生的辛劳奔波其实就是想为我们营造一处有家的稳定性与向心力的房屋。这是女人才有的杰出才能。男人是房屋的建造者,但却不能成为家庭的缔造者。这也是男人与女人的巨大差异之一。男人需要像孩子一样得到女人的援助。虽然男人自认为优越于女人,自以为是可以征服世界的英雄,但他们却始终和孩子一样喜欢战争、狩猎、垂钓、汽车。女人喜欢男人就像他们喜欢孩子一样。孩子小时候,我去厨房拿东西给他吃,吃完了他还要,我还是满心欢喜地去拿给他。孩子不到十二岁时,我们这样对待他;他长大成人了,我们依然这样对待孩子一样对他,如在意大利西西里我亲眼看见了八十岁的女人依然在照顾六十岁的孩子。女人即是家,过去、现在皆如此。

　　男人和女人是有差异的,这种差异又导致了两者对于孩子来说身份的不同。作为母亲的女人给予了她的一个或几个孩子生命。他们在她身上如在一座山岗或者花园里吃喝玩耍、睡觉,还要搂抱着她。而在这些方面,男人则逊色得多,他们带孩子外出看看电影,散散步,睡前抱一下孩子已是万事大吉了。或许女人的失望情绪就是在日复一日的为人妻、为人母的琐碎生活中潜滋暗长的。她曾经在这些经历之初有过喜悦,但这种喜悦之情在千篇一律的如树叶般繁杂的日子里随着青春的悄然流逝、容颜的自然老去、情感的日渐衰减而消退至乌有。或许,与殉道者相似的女人在居家的才能、正直、烹调、美德中体现了自身优越的同时总得失去些什么吧!而我在十五年里,出版的书的手稿都付之一炬,彻底焚毁,因为我觉得对于女人来说,写作是一种罪过,烧毁他们只是为了减少这份罪过的程度或等级。

男人是不可能理解女人的。男人在外从事某种职业,担负着某种职责,他们不能了解囿于家庭琐事、脆弱而病态地幻想的女人,更不能了解她们对于自主权的渴求。

——《物质生活》《抵挡太平洋的堤坝》《外面的世界》

2.我的女友——贝蒂·费尔南德兹

我是在里普酒吧里偶遇贝蒂·费尔南德兹的。是她给我提供她家那幢楼上有套空房子的信息,我后来买了这套位于圣伯努瓦街五号的房子。我与她相遇,不仅让我无意中买到了这所宽敞、地势好、价格合适的房子,也让我交到她这样的好朋友。贝蒂·费尔南德兹也是作家,是自 1927 年就任伽利玛审稿委员会成员的拉蒙·费尔南德兹、雅克·里维埃尔和马赛尔·普鲁斯特的朋友与合作者。贝蒂·费尔南德兹和拉蒙·费尔南德兹是夫妇。我从没有遇见过比他俩更有魅力的人。他们简直就是智慧和善良的化身,拉蒙教养良好,非常优雅,极富魅力。喜欢赛车和跳探戈舞更增加了他迷人的魅力。他给我一种冒险艺术家的感觉。他们家每周开一次沙龙,我是忠实的听众。大家绝口不提政治,只读文学。拉蒙·费尔南德兹谈巴尔扎克。我们整夜听他谈巴尔扎克。我去费尔南德兹家,但我不邀请贝蒂·费尔南德兹到我家。我和贝蒂从来不一起出门,也不去彼此家里吃饭。我们经常晚上在咖啡馆见面、聊天。我们之间是难得的纯真的友谊。

我们持续了差不多两年的友谊在 1943 年罗伯特和我加入抵抗组织中断了。我是在我们上下楼擦肩而过时告诉他因为我和罗伯特加入了抵抗组织,以后我们就别在街上互相问候了,也不要再见面或打电话了。虽然这样,我一直将贝蒂和拉蒙作为朋友,珍藏在心中。我把这份友谊写在了《情人》中:一提到贝蒂·费尔南德兹,她的模样就在眼前晃动,她戴着近视眼镜优雅地走在巴黎大街上。她就像一棵颀长秀美的植物在风中无限优美地摇曳。她的美引人注目。从始至终诗意地生活的她,对友情专注,诚挚温柔。

1945年夏末,回到圣伯努瓦街的罗伯特和我听说了贝蒂·费尔南德兹的事情。几个月前,拉蒙·费尔南德兹死于心肌梗死。之后贝蒂就待在家里,闭门不出。拉蒙的死使他免受审判,因为他是第一个在犹太哲学家柏格森1941年去世时向他表示敬意的附敌者。但盛夏之际,原籍匈牙利的贝蒂·费尔南德兹却因此被逮捕,被剃成了光头在拉丁区游街示众。这是怎样的内心痛苦!但这个走在巴黎大街上的被剃光了头发的瘦弱女人,却给人们留下了一份气定神闲的美。她的从容、优雅的模样定格在了我的脑海里。她出现在了《广岛之恋》里,是那个二十岁因恋上德国士兵而在战后被剪了头发游街示众的女孩,在战争结束之际失去即将和她私奔的恋人的她心如死水般地被人们推搡着在街上游行示众。

十年后,我在《情人》中再一次也是最后一次向贝蒂·费尔南德兹表达了我的敬意:"那份高雅我至今难忘,现在要我忘记已经太晚了,她已深入我的内心深处,那种属于她的独特的美依然毫发无损,理想人物的美是没有什么可以折损的,环境、时代、酷寒、饥饿、德国的战败、将罪行公之于众,都不能损害她的美。"

战后,像贝蒂·费尔南德兹这样的事件表明许多人内心都蕴含着巨大的复仇的能量。解放初期表现出来的许多暴力事件就是这种复仇欲望的具体体现。但仇恨的肆意释放不能让牺牲者瞑目。只有对人的尊重才能让我们更好地忘却过去的伤痕重新开始新的生活。如果我们仍然放不下内心的复仇之恨,以恶制恶只能让我们再经历一场没有硝烟的人性之战。果真如此,我们将永远被困于战争的牢笼里。我们应该清醒地、理智地拒绝复仇的欲望、秘密的谋夺。

——《情人》《物质生活》《广岛之恋》

3.我的总统朋友——弗朗索瓦·密特朗

弗朗索瓦·密特朗是一个喜欢读书的传统读者。他喜欢读我的《抵挡太平洋的堤坝》《塔吉尼亚的小马》。我和他的相识相知和我的丈夫罗伯特·安泰尔姆密切相关,是他、马斯科罗、博尚和我把罗伯特从德国纳粹的集中营里拯救出来的。密特朗很欣赏我的才气和想象力,我也佩服他作为一个首领的难得的真诚和组织能力。密特朗成为法国总统后,有人把我说成是"爱丽舍宫的预言者",还误认为我热衷于权力。其实,我是对密特朗本人感兴趣,而不是对总统这一耀眼的光环和权力感兴趣。我们早已熟稔,我从不称他总统先生,而是叫他的名字。我是这样称呼他的少数人之一。我还曾应邀和他一起去庆祝美国独立二百周年的庆典。

沸沸扬扬的克里斯蒂娜·维尔曼事件使作为当事人的她成了所有受到侮辱的女人的代表,她唯一获得这个世界理解的方式就是犯罪。她们白天夜晚都对男人感到恐惧,而男人对此却一无所知。克里斯蒂娜·维尔曼的文章发表的第二天,我在拉丁区的一家书店偶遇了弗朗索瓦·密特朗,他对我说:说吧,别绕来绕去的。我对他说:"我从来不认为犯罪可以定义为善或是恶。我只是觉得犯罪就像一种事故,每个人都有犯罪的潜在可能性。但我很难做出判断。"一句话也没说的他在接下来的一周和我进行了一系列产生了划时代意义的访谈。

我还清晰地记得和密特朗的最后一次见面。当时我和雅恩在公爵饭店用餐。吃完饭时,皮埃尔·贝尔特走过来对我说:"总统想和您说话。"我说:"让他过来呗。"密特朗来后坐在我对面。我拉住他的手,沉默了一会儿对他说:"弗朗索瓦,我想告诉您一个重要的秘密。"他说:"我在听,玛格丽特。"我对他说我如今在世界上比他出名得多。他有好一会儿一言不发。后来他说他清楚地知道这一点。实际上,我不是想告诉我比他重要,而是想告诉他相对于政治文学的重要性,更想让他意识到书籍和犹太人的重要意义。他大约用了十五秒才懂得我说的含义。

——《外面的世界》

4. 中国情人之死

这本书原来提了几个名字《街市的爱情》《情人的小说》《再叙的〈情人〉》,而后我在《来自中国北方的情人》和《北中国》两个选择了前者。从我得知他 1990 年 5 月去世的消息已过去一年多了。我还是难以接受这一消息的真实性。初恋是最刻骨铭心的,对我来说,也是如此。我的初恋中国情人在我的生命里一直占有重要地位。我认为,一直认为,他使我后来经历的爱情——夫妻之爱都黯然失色。听人说他就葬在沙沥。他家的那座蓝色的房子依然还在,只不过易了主人,由他的妻儿居住。和善、直率的他在沙沥很受欢迎,年岁大了的他后来成了虔诚的信教者。

由于时间的原因,我在《情人》中没有提及中国北方的情人和女孩的事。这次我把其他事情抛在一边,在这本书中特意写了他们。创作这本小说的一年也是我回味中国人和女孩相恋的那段时光的一年。我仿佛又成了乘永隆的轮渡往返于湄公河的那个年轻的女孩。我的记忆始终没能超越专线邮轮起航时女孩决绝离去的那一刻。我从未想过这个中国人会死,从未想过他的身体、他的皮肤、他的双手都会消逝不见。

在这次的写作中,在一片令人头晕目眩的光晕里,出现了他的面容和我那与众不同的小哥哥的脸庞。我跟随着他们进入到了这个故事里。我又一次成为小说作家,成了玛格丽特·杜拉斯。

扬后来为我写过一本书《我的情人杜拉斯》,该书于 1983 年出版。可能由于我们两个相爱,生活了许多年吧!这是一本关于我的精彩异常的书。这本书像镜子一样映照出了真实的我,有点儿粗俗、有点不讲道理的我。这本书让我从那时候起想要回望自己,反思自己,我想写有关自己的事,也想读有关自己的故事。于是我将自己的故事诉诸笔端写作成书,从《情人》到《来自中国北方的情人》。但在此过程中,我渐渐发现我的故事和我的母亲,我充满爱恨与杀气的家庭是不可分割地融合在一起的。在某种程度上,正是这样的家庭构建了充满叛逆之情、暗自想要从家庭出逃的我。当开着宽敞阔气、价格不菲的黑色利穆新汽车的中国人出现时,我命中注定地和他一起进入了属于我们两个的情欲世界之中了。

——《来自中国北方的情人》

5.最后的情人——扬·安德烈亚

《印度之歌》在你所在的那座城市的一家艺术实验影院放映后的一场
讨论之后,我们和即将参加哲学教师资格会考的一帮年轻人去一家酒吧,
而你是这些年轻人之一。我已忘记了那家酒吧的名字,忘记了我那晚喝了
两杯威士忌, 忘记了你们这些将要参加考试的年轻人, 连地点也已忘记
了。但我依稀记得你和我一起去了我泊车的影院停车场。你问我是否有情
人。我直白地说一个也没有了。你还问我夜里开车的速度。我说一百四。
那时,我还在开我的 R.16。大家开这款车都这样,很爽的感觉。那晚之后你
开始写信给我。很多的信,有时一天一封。这些信类似于信笺很短,但却仿
佛是来自一个荒漠一样的无法生存下去的地方传递出来的凄美的呐喊。
我没有回信,虽然我留着你所有的信。你在信上详细地注明了你写信的地
点、时间、天气的晴或雨或冷,还有那份力透纸背的、不可名状的孤单。

有一次,你大概有一个月未来信。我心里有些发慌。我想知道你的信
为什么突然中断,受到了某种难以抗拒的阻碍么? 我心里越想越慌。于是
在没有你的呐喊般的信填满的虚空里,我给你写下了这封信:

> 扬·安德烈亚,今年夏天我偶遇了认识你的让-皮埃尔·塞通,我
> 们谈到了你。《夜航》之后,我在巴黎住处的房门下看见了你的便笺。
> 我曾想打电话给你,却因没找到你的号码而不了了之。而后,我收到
> 你一月份的信笺。我又住院了,我也不知是什么病,他们说是因为我
> 吃那些抗抑郁的新药中毒。我也不听他们的,反正我的心脏没什么毛
> 病。我还在冬天的晚上喝酒。我已多年拒绝周末朋友来打扰我,我宁
> 愿独自一人待在诺弗勒那座有十四个房间的、能容得下十来个人的
> 房子里。我已习惯了这种生活。
>
> 有次我写信告诉你我新完成的电影《在荒芜的加尔各答他的威
> 尼斯名字》,对你讲了什么我已记忆模糊了,应该是告诉我对这部
> 电影的喜欢,我几乎喜欢所有的电影。后来你写诗寄给我。你文字优
> 美的信就是你的诗。这是我这辈子收到的最美的信,美得令人心痛。

此刻我很想和你聊天。现在我已痊愈了，也已开始工作。我的《奥蕾莉亚·斯泰奈》第二部就是写给你的。

这是一封不求回复的信，只是把我的近况告诉你。我已几近忘记这封信，忘记了写信的时间、地点、乃至于是否邮寄给你。后来你却常常提到它，提到它的可怕，它对你的震撼。这封信，你说你把它放在特鲁维尔住处中央衣柜的一个抽屉里，后来它却不知所踪。再后来我无意中找到了它，找到它时你或许正在蒙卡尼西各大旅馆的院子和酒吧里寻找他们夏天聘用的帅气的男招待，而我彼时则迷失在《蓝眼睛黑头发》的性迷宫里。

这封信寄出两天后，你往黑岩旅馆打电话说要来看我。你说：我就来。我问：为什么来？你说：为了了解彼此。在我生命的这个阶段，有人从远处来看我是件大事。我从来没有谈起过我生命的这个时段我感到的那份孤独。《劳儿之劫》后的孤独，《蓝月亮》《爱》《副领事》的孤独，是我这辈子经历的最刻骨也是最幸福的孤独。这种孤独在我的定义里已转化为生命中尚未体验过的具有创造性的自由。我在中央餐厅吃饭时总是吃一成不变的东西，白煮海蜇虾和一块勃朗峰干酪。

我问你什么时候到。你说：明天上午 11 点到你家。我在房间的阳台上等你，我看见瘦高的、优雅的你穿过黑岩的房子。你带着一把 20 世纪 80 年代的年轻人少用的木柄雨伞和一个很小的黑布包专注地沿着篱笆穿过院子，朝着大海的方向转，消失在黑岩的大厅里。这是 7 月初的上午 11 点，1980 年的夏天。这是非常年轻的扬·安德烈亚·斯泰奈和那位孤独地写书的老女人的人生中最美好的金色黄昏之恋发生的夏天。从那年夏天，你就在我身边。我们几乎生活于与世隔绝的状态，生活在遗忘之中。我们成为彼此的至爱，永不分离。过了一段时间，大概是 11 月初，我的整个身体开始微微颤抖，我也丧失了距离感。每个动作都慢吞吞的，还得扶着物体走路，就像一个蹒跚学步的小孩子。扬把鸡肉切得很碎小，但我无力的手不听使唤似的连叉子都拿不住。吞咽也变得困难。每吃一口，全身就会不由自主的抖动。吃饭也能使我疲惫不堪。

后来虽然我又恢复了健康，但你从此再没有回过那座叫卡昂的大城市。片刻宁静之后，响起了敲门声，接着是你柔和的声音：是我，扬。我没有开门。我在等待。60年代以来，我什么人都见，但我依然处于一种几近苦修的孤独之中，陪伴我的是安娜-玛丽·斯特雷特、法国驻拉合尔的副领事、恒河女子、茶之路上的女乞丐、我童年的女王。几经犹豫与挣扎后，我开了门，接着是传来一种冷漠的、庄重的、柔和的声音。这是你来信中的声音，也是熟悉又陌生的生命之音。我们一谈就是几个小时，我们谈罗兰·巴特，谈我们一直共同的话题——写作，谈各种各样的书。

我曾对你说过我可以拿出所有的罗兰·巴特的书去换取缅甸森林里我的茶之路、红太阳和恒河穷苦女人失去的孩子。罗兰·巴特写的书我根本不能卒读，对于我来说，他写的全是谎言，他就是因为说这些谎言才死的。有一天，就在我家里，罗兰·巴特委婉地奉劝我回归我早期的小说类型，那样简练，那样迷人，比如像《抵挡太平洋的堤坝》《塔尔奎尼亚的小马》《直布罗陀海峡的水手》一样。当时我笑了。

谈论书时，在你专注的眼神和清晰审慎的逻辑之中隐约透露着一种你无法控制的紧张。第一天晚上，你不知不觉中吃光了整整一罐栗子泥和鲜奶油。你像孩子一样吃得有滋有味，很久的后来你告诉我，那天你其实还饿。我们还喝了你在澡堂街买的两小瓶变了味的难喝的罗纳山坡葡萄酒。那天晚上，你睡在了我儿子的面朝大海的房间里。这房间那晚跟我单独住时一样寂静。经历了那么多或许沉重的岁月，可能还要面对未来同样单调沉闷的树叶般稠的岁月，还有独自忍受或许还将要忍受的青春欲望折磨的岁月，你或许早已疲惫不堪了吧！

第二天，你发现了那个你所谓的巨大的、历史性的浴缸。从此，你每天早上一起床就在里面泡一个小时。浴缸使来自热带丛林的我恐惧，因此，我爱洗淋浴。我们谈论黑岩旅馆的美。十二年后，我仿佛当时一样听见你的声音。它于无形中渗进我的身体。有时它侃侃而谈；有时，它沉默不语。你听不见夜里逐渐弥漫开来的那种深沉的静阒，我情不自禁地去阳台上感受这份静谧，而你只是隔窗注视着我。次日，你来到我的房间，我们做了爱,我把这些留在我写的书里。

艳阳当空,微风徐徐的宜人天气,我想去外面看看。可突然间,我想给你写信,也给你写了信,只是为了告诉你,就在今天早上,我对你说,也许在不知不觉中我已爱上了你。我还对面前的你说,过了今天早上再对你说我爱你,永远爱你,对我来说就太迟了。或许,过了此时此刻,对你说这些话的强烈欲望就一去不复返了。沉默寡言的小哥哥是一个情窦未开、令人仰慕的魅力少年。年纪轻轻的他的离开成为我永远无法平复的哀伤。在我心中,他永远停留在了这个年龄。就在这个夏天,与小哥哥离开我的年龄相仿的你的出现让我突然明白了他对我的爱多么伟大。

你知道,撕书、烧书对于一个小时候什么都想得到、而且是同时得到的人来说是无法抗拒的。担心书籍消失的你已知道那本书的存在。你对我说:你以为你在干什么?整天不停地写啊写?你疯了,让人受不了,把所有人都抛弃了。一个疯女人,你看不到每张桌子上都放满了你的草稿。有时,我们会一起嘲笑你的狂暴。有时你也怕我把书扔进海里或是焚毁。有时,你会沿路欣赏各大饭店的那些英俊的酒吧男招待。深夜五点回来的你心情不错。已睡下了的我能听见你去我写作的大房间看草稿是否还在桌上,接着去厨房看看里面是否还有咖啡和面包,是否还有黄油。给你买来牛排的我在早上看到蓬头垢面却一副视察员的表情的你能笑出眼泪。

我常感到对你的恐惧。周围的人也为我担忧。我能感到你日益增强的真诚,但这对我来说太迟了,我也阻挡不了你,就像我无法让自己不怕你一样。你不善于消弭被你拒杀的担忧。我的女友和熟人都被你的温柔折服。你的这份每夜都无意的温柔渴望着我的死亡。每天我对你会和其他男人一样变成女人的杀手而深怀恐惧。这种每天都可能发生的事情使你像一个迷路的猎手、一名潜逃的罪犯一样令人恐惧。周围的人为我深深地担忧,可我改变不了你,我只能怕你。每天你没有意识到的瞬间,我对你注视我的眼神感到害怕。有时,我觉得你很陌生,陌生得我搞不清楚你在这个人满为患的季节来这个海水浴疗养地的目的。我对你的陌生感达到了让我恐惧的程度。我不再想弄明白,也弄不明白,你为何到这来,日后有何想法。你自己应该也不明白自己为什么远道而来这个年纪已大、为写作如痴如狂的疯女人家里。未来成为我们不可触碰的敏感话题。

我们经常在一起喝酒。在你的陪伴下，我喝酒越来越多，达到了无药可救的程度，一杯红酒能让我平静下来，还能减少我的恐惧。后来，我晚上喝酒的次数也不断增加，以至于每个小时都得喝酒，虽然酒精使我变胖，虽然酒在烧着我的胃。我知道是一种无痛感的毒药，也知道它对身体的伤害，也想停止这种自我折磨，终止对致命的酒精的致命的爱。但对于我来说却是很难的。每个人都可以用自己喜欢的方式决定自己的命运。我在灰暗的玻璃房里自言自语，我的身体因衰老而抖颤得越来越厉害，我连钢笔都握不住了，字也歪七扭八。后来我只能对你口述信件，你用打字机打下来。有时，我会不知不觉中枕着纸就睡着了。你此时就耐心地等着我。不知睡了多久，醒来的我继续口述。

后来，我因酒精导致了肝硬化到诺伊利的一家医院里接受治疗。自由惯了的我不得不被限制在这家医院蓝色的病房里。孤单地待在医院里，我感觉到的是恐惧，无边地弥散开来的恐惧，而我还想假装坚强。记得我曾对你说："我知道你想让我死。我知道谁也难以忍受我的存在，包括我自己。"在医院里，我感觉希望在一点点从我的生活中退隐，这是我无法容忍的生活。我也极其厌恶医生对我的照顾，我认为这是一种有损我自由的不体面的行为，是一种道德缺陷。于是我就抗拒这些行为，这加剧了我受困于病床的痛苦，也使我更加沮丧，徘徊于绝望的边缘。

三周的戒酒治疗后，有一次，我没有吃药就睡觉了。醒来后，我弄不清刚才是谁睡觉了，为什么要睡。很奇怪，感觉不到曾经的那份压抑竟成了我痛苦的根源。我是不是依赖上了压抑？我认为幸福是不存在的，也不必存在。没有幸福的存在也就不可能有有关幸福的回忆。在离开诺伊利大约一个月里，我曾经浸泡于酒精的细胞着实像无头苍蝇一样困顿了一阵子。然而，它们的适应能力是出色的，就像它们的主人我一样。在这短暂而又漫长的一个月里，细胞们在活动，在寻找新的营养来源，在重新学习生存的技巧。它们和身体的各个部分组织一样都努力调试并适应了我新的饮食方式与结构。我整个人都在这种气氛中获得了新生与活力。

或许，你的到来只是因为你一时的绝望之情，也许你一直陷于这种无法自拔的绝望。我知道你总是不由自主地想要死去。我也知道我们两人迷失于同样的天性。许多时候，我对我们这类别人口中的有点疯狂的、左翼的、厌倦了戛纳和摩洛哥大旅馆的人满怀柔情。

我和你的相遇是偶然而美好的。我们相互依恋。我是你最依恋的人，你也是我最依恋的人。这种依恋甚至达到了无法忍受的地步。我曾对你说我搞不明白自己做人的原则。但事实是每个人做人的原则都或多或少是个谜。不到最后的一刻，这个谜底始终是未解的、难解的，处于悬疑之中的。有时，你会厌烦了这种生活，厌烦了我，说你受够杜拉斯了。这时我会看着你，郑重其事地告诉你："不，扬，你永远不会受够杜拉斯的。"我们的不快在那一刻便会冰消瓦解了。有时你也会想离开，我就告诉你："扬，你和一个如此优秀的女人居住在巴黎最好的地方圣日耳曼·代普莱斯。你还要去哪儿？"我们的生活就这样充满了激情、疲惫和幽默。

——《杜拉斯的情人》《外面的世界》

6.男人多数是同性恋者

不管他们是否意识到，所有的男人都是潜在的同性恋者，能不能成为显性的现实的同性恋者关键在于他们有没有遇到合适的时机、合适的人将这种隐性的倾向转化为一种显性的事实。同性恋者和真爱同性恋男人的女人对此是深信不疑的。那种伪装成异性恋的男人对于女性来说是一种悲哀。同性恋者爱恋的对象可以是他的情人、他的祖国、他的杰作但不是他所爱的人。

在异性的交合中，男人扮演的是一个被认为粗暴的角色。这个令人厌恶的角色并不是他希望的。其实，在这样的时候，许多男人常因与女人缺乏共同语言而孤独地蜷缩在一个精神角落里。这种男人的形象在世界各地成亿地存在着。这样的男人只能和男人谈心，谈有关性的话题，而且畅所欲言。男人之间的话题多关涉精神领域，而女性之间的话题多关于物质方面。因此,女性是难以进入男性的话语领域的,这种情形和人类的历史息息相关。自人类有史以来,男人就教育女人说她们是低等的。作为被压迫者的女人的话题便肆无忌惮地仅限于物质性生活层面。因此,不论男人或是女人,他们之间最具魅惑力的一点就是能够发现彼此的共同之处。一个男人生活中属于他的身心、种族、性的那位具有影响力的伴侣应该是一个男性伴侣。但他按照社会规范接受一个和他建立性关系,维系家庭、爱情甚至传宗接代的一个女人作为他的伴侣。他因此对这个女人的话有选择地听或者干脆不听,也没有人指责他,因为女人的话本来就没有人听,女人也着实让人厌倦。于是永远被教育处于次等地位的女人终于领悟了,离开了过去代表她的男人,她找到了一种属于自己的幸福。

男人从异性恋转变为同性恋是一种危机。他需要时间来调适自己,使自己重新找回自我。这也会带来人口减少的灾难,当然有人说可以通过移民来解决。但最终的结果依然是人口不断减少,直至最后一个男人在不知不觉的睡梦中逝去。每一个男人不论从事什么职业都曾是一个男人,都可能是一个异性恋或同性恋者,应该多去爱男人,而且要为爱而爱,除此之外,他们是令人无法忍受的。

——《物质生活》

7.酒与我

最初是母亲让我喝酒,记得她说在我们法国北方,他们会让像你这么瘦弱的女孩子喝酒。为了让母亲高兴,我开始喝啤酒。我没有变胖,但酒精开始成为我的需要。在我十八岁甚至十五岁时,我已经预知自己因酗酒而备受摧残的面容了。浓郁的酒精可以赋予我自杀或杀人的能力,这是上帝都没有的能力。我早已预知了,酒精在我体内的潜在威力,后来酗酒的经历只不过是一次次唤醒了酒精在我体内蛰伏已久的潜力。我很惊奇于自身的这种预知神力,甚至因此自命不凡、沾沾自喜。到巴黎后,我虽然有控制地喝酒,但我知道我对酒精已产生了依赖。我加入了法国共产党后,政治会议结束后我们经常会一醉方休。战后我们会在圣伯努瓦街喝低劣的威士忌、金酒和朗姆酒,有时这些酒还会混合着喝。就是在这样疯狂的岁月中,我日积月累地养成了酗酒的恶习。

　　那时的圣日耳曼-德普雷地区,大家都爱喝酒,尤其是男人不但喝得多而且还常喝。女人很少喝,她们喝酒总是成为丑闻。但我从未成为酗酒丑闻的女主角。在朋友眼里我只是喜欢喝酒而已,只有我自己知道我已是个十足的酒鬼。酒精让我变成话多的女人,给我插上欢舞的翅膀,使我和男人拥吻。我很快像个酒鬼似的喝酒了。我把所有人置于脑后,开始晚上独自喝酒。后来,热拉尔·雅尔罗出现在我的生活中。这是一个爱喝酒的男人。有了酒伴的我,白天喝,晚上也喝,我们两个酒味相投的人喝得酩酊大醉,互相谩骂、互相殴打,然后相爱。母亲的离世让我酒量剧增。不论是白天或晚上的什么时候,我不喝一小杯威士忌就无法出门。而后,雅尔罗出人意料地死于心肌梗死。但这却不能阻止我独自一人酗酒,人们告诉喝酒的人喝得太多的时候总是在太迟的时候。可能是人们觉得不论在什么样的情况下说:"你喝得太多都会感觉不好意思。而喝酒的人也会把这种好心的话视为一种侮辱,觉得只有恨他的人才会对他说这样的话。"

　　我喝酒越来越多,吃饭却越来越少,还总是感到疲乏无力,打不起精神。有一天早上,我咳了血,我没告诉别人。第二天,又是如此。我终于忧心忡忡地去看了医生,医生说我得的是肝硬化。五十岁的我接受了几个星期的治疗,我得救了。我不再想回专业诊所,虽然我依然孤独,但我已决定不再喝酒。十年的中断后,1975年我又开始了喝酒之旅。起初是一小杯白葡萄酒,偶尔也会是两杯香槟,后来经常独自一人在诺弗勒喝红葡萄酒。在我自我放逐于诺弗勒时,酒精赋予我一种原始的满足,我迷失在这种虚幻的感觉里,心甘情愿地成为酒精的俘虏,按照它为我规定的节奏生活。屈服于酒精的时光真美好:身心放松下来,懒洋洋地,待上一段时间,什么也不做,恐惧与烦恼亦自动消失得无影无踪。我整箱整箱地从超市里买来廉价的酒。我喝红葡萄酒,咯血。为了恢复元气再喝,再咯血。我就改喝威士忌,然后再换回红葡萄酒。我在自我毁灭。朋友们并不知道我处于这样一种状态,我也从未告诉他们。有时,如果我在他们面前喝高了,就会说

"如果你们不喜欢就别看,什么也别说"。终于有一天,我被送到了圣日耳曼医院接受戒酒治疗。五个星期后,我又回到了诺弗勒。几个星期后,一切又照旧。事实上我一直对写作小说有一种特别的说不上原因的偏爱。没有酒精的日子对于我来说简直就是地狱。我有在酒精里写作的本事。可能是因为这吧,醉酒的事不经常发生。也可能是因为我不愿意喝得如一摊烂泥。我内心清楚地知道我不是为了酩酊大醉而酗酒的,我是为了逃遁这个世界,为了让自己变得无可触碰。

有几年的漫漫长夏,我独自一人居住在诺弗勒。能住很多人的宽敞的大房子里,平时仅有我一个人,直到周末才会有其他人的影子。就这样,我开始大量喝酒,或者更准确地说酗酒。

酒可以湮没孤独。孤独中的人饮酒到最后会变得除酗酒之外没有别的念想。喝酒的人虽然不一定想死,但没有一点儿自杀想法的人也不可能沉醉于杯中物。毕竟,长时间地酗酒意味着与死亡为邻居而存活。酗酒之人会避免自虐因为他会想着人死了,便也与酒永别了。曾几何时,我只是在喜庆之日、政治聚会之时才会来几杯葡萄酒提高一下兴致,后来开始喝烈性一些的威士忌。这种每天都喝,量也大增的状态长达十年之久后,我的肝出了毛病,吐血。我戒酒十年,后来又喝,又戒。期间我喝过淡而无味的苹果烧酒、啤酒、对肝脏危害更甚的韦莱马鞭草酒、葡萄酒。最后喝上了酒之后,我就成了别人眼中的不断过度饮酒的酒鬼。我最初晚上喝,之后中午也喝,后来早上也喝,再后来夜里也喝。从夜里喝一次沦为每两小时喝一次。我喝得把所有人抛到了九霄云外,我甚至庆幸自己没有染上其他麻醉品如海洛因,我喝酒时总是和几个男人相邀。酒总是和性暴力密不可分,并使之精神上的快感迅速实现。性迷狂者常常不是酗酒之人。体力劳动使男人直接诉诸思考,也诉诸饮酒。思想的历史告诉我们:酒精能使人思想,使人在逻辑混乱的情况下去幡然领悟这个世界为什么是由不公正主宰的。这恰是理性百思不得其解的死结。

我认为我之所以喝酒的其中一个原因是知道上帝并不存在,上帝的缺失让人迷失。因此,从小就一直未成为信徒的我觉得信徒不但是不健全的而且是不负责任的。后来发出非信仰叫声的斯宾诺莎、帕斯卡和吕斯布鲁克让我逐渐开始了对神秘的信仰。我曾说过我们缺少一个上帝，但是他的位置一直都空着。我不相信上帝，我认为相信上帝是不健全的，而不相信上帝是一种信仰。酒精可以直接作用于精神。我曾一边喝酒一边诵读《福音书》。酒精可以让我们忍受世界的虚空、星球的摇动，忍受它们在空间永不停息的转动，忍受它们对你遭受的痛苦的漠然。我认为，当我们陷于虚空之时才接纳上帝是没有用的，这就是我们常说的临时抱佛脚。人总要有所信仰。有人说自己什么都不信，我觉得不对，不信上帝，并不意味没有信仰，只不过是信仰的另一种形式而已。什么都不相信意味着弃绝人类一生苦苦追寻的意义与永恒，也等于失去了人生的价值与目的所在。这是很恐怖的，但这也可能就是人类未来的状况。在写作的时候还算是个人，在生活上则全然算不上个人。上帝从来没有具体的形象，任何情况下都没有，也不会有，能代表上帝的只能是黑匣子或空茫。人们尤其是青年一旦发现上帝是毫无改变之可能的虚空，酗酒便成为填补这种虚空或缓解这种虚空带来的无望的痛苦的一种方式。酒这种具有麻醉作用的杯中物不能成为一种安慰，不能真正而实在地填补个体精神的空虚，但它却可以在某种程度上代替上帝的缺失。因为它可以在痴醉之中将人带至飘飘欲仙的境界，似乎在这一不公平的压抑的世界里他成了高高在上的主宰。这就是酒精对于那些本该信仰上帝却没有信仰上帝的人最本质的致幻作用。这是不论任何男人女人、任何文学艺术都无法替代的角色。但人于醉酒之中的言语是不可信的，夜晚醉酒的人说的话会随着白天的到来和风一样消失得无影无踪。我虽不停地喝，但我从不快速喝酒，也从不喝至酩酊大醉。饮酒只是我从喧嚣的现实隐身于理想之境的一种手段而已。酗酒的人会因为是女人被认为冒犯神灵而引起公愤，而成为丑事一桩。我曾见识过这种公愤，也曾喝过酒后独自去酒吧，以示公开对抗这种公愤。酒精使我能够逃避到一些新的领地，并让我觉得我是那里的主宰，这样，我才不至于被坚硬的现实所伤。

　　对别人说你喝得太多，不但在什么时候都是令人不悦的，而且是不合时宜的。在所有这句话出口之时,人们总认为是一种冒犯,因为他自己根本不会认为自己是一个酒鬼。听到这句话的人会认为说话之人对其别有用心。对于我这样无药可救的酗酒者更是如此。我们这样的人不喝酒就失去了生活中唯一的安慰。我曾喝过好多酒,多得我难以数计。但当有人企图来劝我帮我戒酒时,我就给他讲关于我的许许多多的故事,除了喝酒。道理很简单,我认为,酗酒者都是最天真单纯的人。这也是为什么后来不再喝酒的我对曾经酗酒的我总是充满了同情与理解。

如果一个人有顽固性失眠症,家里就不应存放一滴酒,因为我就是从喝一杯葡萄酒开始我的酗酒生涯的。一个酗酒者的身体好像由各种各样的零部件组装成的一台酒精储存器。先是大脑中的思想,其次是身体各部分,一点一滴地吸收融入酒精。一段时间之后,每一天都可以已经死去,但也可以说幸福地濒于死亡的边缘。

我曾经有强烈的生存下去的愿望,如今我却不知从哪里获取力量来滋养这份愿望。我甚至失去了第二天挣扎着爬起来的渴望。于是我回归到了诺弗勒城堡,将自己封闭在那里,自我放纵,又一次沉迷于酒精。我生命中曾经历过各种男人带来的肉欲的满足,伴侣、情人、心爱的男人,但最终我认为一生当中对我始终不离不弃的是酒精,它是我最喜欢、最忠诚的追逐欢愉的方式。

——《物质生活》《现代档案馆档案》《杜拉斯的情人》

8.衰老与死亡

我是通过自己写的东西来喜欢扬的。我对扬的激情历久弥新。早晨,等着黑咖啡的我看着他穿过房子,一种从未见过他的奇特感觉涌上心头。在遇到他之前,衰老与孤独已侵袭了我,击败了我。他为什么抛却了他熟悉的城市来找我,为什么留在这里陪我? 这些问题翻腾在我的脑海,日复一日。我的爱里是混杂着迷惑、恐惧与不安。有时,我会情不自禁地渴望在自然死亡到来之前被他杀死,一种杜拉斯式的浪漫的死亡。具有摧毁性的死亡可以让激情凝固,从而成为永恒。

我和扬每天都喝六至八升葡萄酒。我们不吃东西，还是胖了很多。我觉得让自己都厌恶自己是很有趣的。我知道自己在垮下去，但这种快速的衰落对我竟是一种享受。这时的我虽然知道死神已在我身边徘徊，而酒精能加速死神攫取我，但我仍不可遏制地在帮助死神。在酒精的作用下，我不知道我和扬的爱是否还存在，也不去想这个问题，我只知道我们在一起，互相陪伴。

我周围的人都被他的温柔体贴蒙蔽了。他成了我最好的名片。他们不知道，扬的温柔会悄无声息地杀我于无形。他希望我死，可能这一点儿连他自己都一无所知。扬让我说话，让我继续写作，强迫我不要停止写作。马尔科姆·劳里曾在《火山下》中说过："最艰难的事就是顽强地活下去，完成作品，因为时间已消失殆尽。"很多次，我们都担心还没写完一张纸就死了。我们明白目标在哪里，我们知道要写些什么，问题在于怎样让作品到达那里。一定要到达那里，走完整个旅程，我觉得正是这样的写作活动每天都在提醒我们：死亡就在那里。

相对于肉体的死亡，我更害怕写作的中断。我觉得不写作之时应该进入一处永远不会关上门的森林。因为这是一座封闭的可以将你囚禁的森林。我终于走进了这座森林，我再也不能和纸墨搏斗了，再也体会不到通过写作释放和摆脱重负的感觉了。被囚禁于这片森林里的我感到活着成为死亡的激情。

不相信宗教也不相信上帝的我一直试着和上帝对话。"上帝什么都不是，只是一个我未来图方便而使用的一个词"。我说过我不祈祷。我只是在某些无人的夜晚会为了超越这禁锢人的现在而哭泣。我觉得自己真的爱哭，像一个敏感而脆弱的小女孩一样爱哭。

晚年我几乎总是待在圣伯努瓦街的房子里，但是睡得很少也不再读书，看电视成为我的一大消遣。我爱整理书橱，之后又把它弄得乱七八糟。有时，我会拿出家庭照片看好长时间。随着照片我似乎又回到了我一生中最贫困的少年时代。许多往事都潮水般涌上心头。我想说什么都随心所欲，我还是没弄明白为什么要写作，也不知道怎样才能停止写作。有时我会想当然地安慰自己：一切都在怀疑之中，而怀疑就是写作。老年时，许多人说我有着一张越来越中国化的脸。我在家中写作的时候似乎一切都在写作。写作成为一种无处不在的存在。

我是一个对荣誉和名声漠不关心甚至有些讨厌的人。可是相对于我在美国的引人注目，我在法国却是寂寂无闻的。我对此不得不颇有微词。我有时真的想离开这个对我来说不公平的国家。可尽管我已知我不属于这里，却不知道我应该去哪里。脱离我自己的圈子近二十年的我依然没有真正融入社会，我仍然觉得生活在陌生人当中，被他们包围了。我和这个国家的主要联系渠道仅限于税务和电视。因此，我尽量减少外出，连电影院也懒得去，我的活动领域不是诺弗勒便是圣伯努瓦街。电视在我逐渐缩小的交际圈里扮演了重要的角色。说实话我对电视有一种混合着爱与恨的复杂情感。我对电视节目也是如此。比如每晚八点的新闻我几乎都看，就像参加神圣的宗教仪式一样。看了电视节目我会和朋友们电话里交流。

这该死的电视我虽然离不开、也爱看。但这些被当局的审查束缚住了手脚的电视节目成了政府的宣传工具，成为政府政策的传话筒，这让我看电视的过程充满了蔑视与怒火。此外，看到节目主持人那职业性的微笑，一眼就可以看穿的谎言和一以贯之的语调我就有说不出的厌恶之情。我曾自以为是地认为在家可以通过电视征服世界，可以在家坚持反抗对无产阶级的压迫。但我不得不承认自己的这种想法是幼稚可笑的。我喜欢文化气息相对浓厚的皮沃的节目，讨厌那种媚俗的文化电视节目，所以我乐意接受贝纳尔·皮沃的节目谈话。我在应邀参加皮沃的节目中谈到我的文字只是我生活中的一部分，是我生命体验的结晶。任何人都不会经历我那样的生活，我的风格也是不可模仿的，试图模仿我创作风格的人只会邯郸学步。我认为电视是文学的庸俗化、商业化，会破坏文学的纯洁性。

我是一个小个子灰头发的女人，瘦弱、平庸而高贵的女人。我一直喜欢车。年轻时，我喜欢驾车疯狂地飞奔；年龄渐长时，开车漫无目的闲逛是我为数不多的癖好之一。在我年纪大得身体条件不允许时，我让别人驾着宽敞的旧车带我去感受这份快意。再后来,我生命中一直陪伴我的扬也考了驾照,开着车陪我在巴黎游玩,带我去我想去的地方。

他的名字叫扬,不是扬·安德烈亚,安德烈亚是我后来给他起的名字,是杜拉斯天堂里的教名。他或许是我生命里最后一位恋人。他很会照顾人,和他在一起,无论男人还是女人都会有一种安全感。活泼的他很爱笑,笑也许是他生命中最喜欢的东西。在扬离开的日子里,我一直在等他,我已无法再独自走进黑暗空荡的房间。我爱他,我因爱他而痛苦,我知道他只爱男人。我希望自己的努力能够改变他,我已发疯似的爱上了他。这份爱情让我充满了写作的欲望,有了写作的动力与能力。扬回来后,我们将自己关在特鲁维尔那间黑暗的房间里。我,不再独自一人,不再害怕它的黑暗,它的空旷。他每时每刻都是我的全部,只要他在我身边,不管远或近,不管在干什么,他就是我的希望。他经常会消失,但却总会回来。在他消失回来之前,我总是疯狂地寻找他。他不想让我死,我也不想让他死,这就是我们之间的感情,我们之间的爱。

扬还是我的酒友。我们俩一开始就沉湎于酒精,和他在一起后,我再次将和我离不开的玉镯、戒指、手表一样的白兰地酒杯置于我随手可以拿得到的地方。酗酒刺激了我对扬的情人的嫉妒,我无法改变他的同性恋倾向。早晨,我听见很晚下楼的他的脚步声音很轻,我就会想起他的同性恋。在我眼里我觉得他很龌龊。在酒精的刺激下,我甚至嫉妒我的书,我书中的人物。扬努力安慰我,我们像这些人物真的存在一样和他们一起生活。

没有人能够完全懂我,包括扬。我觉得我们的地狱是前所未有的,扬不明白我在说什么。一点儿也不明白。没有一个鸡奸者能得真正懂得有一个同性恋情人的女人在表达些什么!我自己都搞不明白,这或许应归属于一种神秘,一种宗教的东西。我与同性恋有种纠缠不休的关系。在我看来,同性恋是一种力量。他对性游戏规则的挑战让我有一种又欣赏又挑衅的情感。当时我身边的很多男人、朋友都是同性恋者。一个女人接近同性恋者的话,她和他之间的性始终会是一个困扰他们的问题,女人对男同性恋者的激情会翻倍,因为他的首选不是她。

他进入她,体验快乐。但他不是在和她做爱,他做的只是一件事情,这是同性恋者的爱情,实际上是对爱情的一种戏谑式的模仿。至少他是这么自我安慰的。我觉得同性恋者从来都不是真正意义上地做爱。女人的同性恋情人,只有在恐惧与拒绝中才能进入她。我越来越认为同性恋是一种另类地看待世界的方式,我接受同性恋。但我对此也有矛盾的看法:同性恋的确是一种变态,它是一种新型的隐性暴力,一直在想方设法寻找施暴的对象。虽然我早已知道对爱的抗拒是我们爱情中不可缺少的一部分,但和扬的爱情让我痛苦不堪,他那种肉体之爱的无能让我感到羞耻。我觉得这是对我的一种否定,对我作为女人的存在的一种赤裸裸的否定。我开始对这些抗拒繁衍后代的同性恋者怀有憎恶和不可抑制的恶心。我对于男性肉体之爱有多迷恋,我就对同性恋者有多深的怨恨。我开始认为,当一个男人进入一个女人时,女人感觉上觉得他进入的是她的内心。如果不是这种体验,两者就感受不到激情,他们之间从本质上来说就是一种性游戏。其间即使是有激情,这种激情也是变态的、昙花一现的。

我和扬的爱情总是被他对我没有欲望而困扰。自以为是的我认为能够赢得和扬的这场肉体之爱的战争,能够俘获这个不爱女人的男人。但我发现我能够让他对我充满感激却无法强迫他对我产生欲望。回到我们所在的黑暗而寂寥的住所,虽然有扬的存在,但这里似乎就是被驱逐了情人幸福的原初的地狱。有时我安慰自己说这把年纪了,也该放下这份欲望了。但我却说服不了自己,我依然痛苦地觉得是我这个衰老的女人不能激起他的欲望。即使是这样,我也希望能够待在他身边。但他的生活还是远离了我,而且人也不可能在他的生活中激起任何欲望。无比失望的我开始习惯于一种没有他的生活。我试着接受这样一种生活,埋葬自己的欲望。但我还是希冀通过我的写作,我一直视为生命的一贯的写作,我仅存的生命力,绝望处奇迹般地孕育希望。我觉得我应该把我们这种令人疯狂也令人绝望的爱情写出来。对于现在的我来说,写别的东西意味着不写,写作于我而言就是他,我试着为他写我。我打扫了房子。在我自己的葬礼之前我将一切都收拾干净,生活中曾经的一切符号都被清扫一空。我对自己宣言道:为了让自己从这份行将结束的爱情谎言中全身而退,我要开始写作了。我写《大西洋的男人》只是为了留住扬。最后我希望我们仍然在一起。即使我们之间没有欲求,我也不能容忍我们的分离,我觉得这种分离是一种不幸。我给你想要的自由,我只是希望你不要把威士忌藏起来。在这样一个令人恐怖的黑暗的夜晚,我会发疯的。我们依然处于战争之中,已陷于绝望之中的我不知道怎样才能继续活下去。

扬说我是喜欢我们故事开始之前的那种生活。我认为同性恋才是我们之间问题的症结。我永远都不能接受这种对人与欲望的同时背叛,或许我终于明白了我曾经认为自己能改变他的可能是不可能的。

尽管我自认为是天才,也被一些人认同为天才,但我内心知道我依然是那个生长于越南的那个渴望爱与被爱的孤独的小女孩。我从来没有得到过内心的平衡。我的性格是很难相处的,别人都知道。我的儿子都说我恶毒,但我相信男人都喜欢我,因为我是个作家……我认为书既不是一种回忆,也不是一种思想,更不是有故事的作家,它是一种等待,一次羁旅,一场冒险。因此,读者读的是书,而不是作家。

现在唯一能引起兴趣的是扬生命的延续,除此之外,生命的进程对我来说都已失去了意义。它已不能教会我什么东西,除了让我尽快地死,尽量地直面死亡。我的内心是难以满足的,富于侵略性的,我的身体却像是一只被酒精彻底摧毁了的老布娃娃。我用自己写作的一切献给他作为筹码,将他囚禁于这份疯狂的爱情中,我让他留下来陪我,直到我生命的终点。

我在 1982 年 7 月写信给扬:"我们之间的激情会持续下去,直到我生命的终点和您的余生。我们之间没有等待,没有孩子,没有将来。但我们相爱。过几年我会离您而去,到另一个世界,而您会在这个世界生活很长时间。我们之间这种巨大的年龄鸿沟可以缓解您遇到一个女人的恐慌。您告诉我,这个世界上最让您感兴趣的是帮助我写作。这是一种永远没有结束的爱,也是一种无法体验的爱。它被诅咒,也是在这种诅咒中一直存在。"我是一个绝无仅有之人,一个绝对自由的人。我可以凌驾于一切规则之上肆无忌惮地谈话。我觉得自己是个政治天才。我经常有杀人的冲动。翻开报纸我就会产生这种杀人的冲动,纳粹、法西斯、杀人犯和我之间的差别仅在于我对自己的这种杀人能力了然于胸。希特勒无处不在,只是我们没有感觉到而已。

　　　　　　　——《外面的世界》《现代档案馆档案》《杜拉斯的情人》

9. 对疯狂的恐惧

　　在我幼年的梦里,总是萦绕着屡遭不幸的母亲,这个被贫困生吞活剥的女人。这个命运多舛的女人在人生的每个阶段永远面对的是荒漠,冷漠的荒漠,对着它诉说,诉说她在生活中永不停息地为生存而苦苦挣扎,诉说着她曾有的五彩缤纷的梦想、希望,诉说她为之进行的不懈努力与拼搏,也诉说着她人生纷至沓来的失望与挫折、忧郁与绝望。最终她疯了,可能从她天真地决定放弃免费领得的三百亩租让地而宁可以二十多年的积蓄为赌注从腐败的殖民地当局地籍管理局申请翻倍的土地以实现她"太平洋稻米女王"的发财美梦时,她已开启了人生的疯狂之旅。抑或更早吧!

　　在母亲最后居住的卢瓦尔的那个假古堡,这个家庭的事情随着小哥哥的去世已接近尾声,母亲因年岁渐高也不再为大哥哥到处奔波。老年的她仍然什么都害怕,她让家里跟随多年的女仆阿杜买了把枪在城堡最顶层的房间里担任警戒。在大哥把母亲给他购买的一片树林在巴黎一个俱乐部因赌牌统统输掉后,大哥曾在蒙帕纳斯圆顶咖啡馆门前的汽车里只求速死,后来不知所踪。

　　尽管这样,母亲还是疯狂地想为大哥赚钱。她在古堡底层的大厅里,安装了几部电热孵化器孵养鸡。四十平方米的地方养了六百只雏鸡。由于电热红外线操作失误,雏鸡嘴合不拢,闭不上,不能吃食物都饿死了。腐臭的雏鸡和变质的鸡食使古堡里臭气熏天,令人作呕。去世前的几个冬天,母亲让绵羊住在二楼大房间里陪她,有时几只羊围在她的床边,母亲亲切地称它们"我的孩子"。后来她真的是在阿杜和这些"孩子们"中间撒手人寰的。我到后来才意识到母亲确实疯了。母亲的这种病我确未亲眼所见,但她确实疯了,阿杜和大哥随她一道疯了。

母亲的血液里就流淌着疯狂的因子。所以疯狂对于她来说已不是一种病,就像对于正常人来说健康是正常的,疯狂的她过着疯狂的日子,就像许多健康的人过着正常的日子一样。而阿杜、大哥和她一样是疯狂地生活着的人。他们是一类人,他们以他们的方式生活着,以非正常的方式"正常"地生活着、交往着。他们是同伴、是密友,互相了解,彼此宽容。他们在狭小的人生轨道上相遇、相伴,携手度过人生的风风雨雨。

母亲的生活是不完美的。她的生活中经历了很多痛苦,我有时觉得她很勇敢,很值得同情,但有时因为她的残忍、恶毒、不公正痛恨她。耳闻目睹了母亲在困苦生活中徒劳的苦苦挣扎和我自己早年经历的人生苦难,我后来从来就没有达到内心的真正平衡。不仅如此,我时常害怕自己像母亲一样疯掉。所以我用各种各样的方式竭力避免发疯。我每天都工作,但没有固定的时间表,时间表对于我来说意味着令人厌烦。我写作,不写作我就无法活下去。但写作只是我工作的一部分,不能说这是一份职业。对于我来说,干活是生命的象征,希望的象征。职业从根本上来说是外部强加于人的,所以我不信任职业,但我信任工作。写作之余的闲暇时光,我会通过缝各式各样的垫子、画中国水墨画、修修电灯、缝补袜子,或者养鸡喂鸭、侍弄园子等这些日常琐事来消遣。这种生活可能不算是非常幸福,但它使我充实。我有时强迫自己撇开园子、家务、果酱去写点儿东西,这样才能让我内心无愧。我认为不管怎样,我得写作,我认为虚无是我们这个时代,无论男人、女人、富人、穷人都经历的一种东西。整个欧洲都曾经历过如何战胜虚无这种极度的、无形的苦恼。我自己曾经也不知道从何处获得战胜虚无的力量。但后来我发现,写作、公园里某种邀我出去看看的颜色、想喝杯咖啡、想抽根雪茄等等类似的事情,都能增加我战胜虚无充实地活下去的力量,虽然最初只是点滴的希望,但当这些希望不断出现并不断增强时,我就觉得虚无与烦恼离我越来越远。更重要的是,我觉得这也是我远离疯狂的方式。

——《情人》

10.特鲁维尔

我每年要在特鲁维尔住半年时间,一般是在夏秋两季。我喜欢特鲁维尔的沙滩、威严的黑岩公寓的外墙对面就是大海。大海把我唤回曾经的经历之中,我想到了童年的所有场景:土坝、沙子、潮水、螃蟹,想起了湄公河青绿色的宁静的河水。特鲁维尔的大海一眼望不到边,看不见海岸,陆地也不知隐身于何处。看海,就是观看一切。看海,宇宙被无形之中扩大了,想象被插上了翅膀。写作就需要这样看海带来的灵感,也需要大海的波峰、大海的暴风雨、大海具有的这种野性。

特鲁维尔是一个给了我许多创作灵感的地方,是一个陪我走过生命的最后时刻的男人如天神般突降的神奇之地,那是一个可以遥望大海让人心旷神怡、从滚滚红尘中获得身体放松、心灵宁静的地方。在这种一望无垠中,孤独油然而生。在此,我独自远眺。我发现了我整个生命的那种孤独,我一直拥有它。这种煎熬人的孤独在某些时刻瞬间产生了某种意义,某种唯有写作才会有的意义。这种意义,就仿佛是未知的对手诞生于我的写作实践。特鲁维尔就是我一生的孤独。

——《写作》

杜拉斯年表

1914 年　　4 月 4 日　玛格丽特·杜拉斯出生于西贡的嘉定区的一个教师家庭,父亲亨利·道纳迪厄是一位数学老师,母亲玛丽·道纳迪厄是一名小学老师。玛格丽特·杜拉斯有两位哥哥:大哥皮埃尔生于 1910 年,二哥保罗生于 1911 年。

1918 年　　全家随被调任的父亲到金边居住。

1921 年　　父亲在法国加龙省的家里因病去世。

1924 年　　全家随母亲到西贡的沙沥,而后居住在湄公河边的永隆。母亲在距离西贡八百千米的大西洋附近购买了五百公顷的租让地。

1926 年　　入读西贡寄宿学校。

1930 年　　在湄公河渡船上邂逅中国情人。

1932 年　　离开越南,到法国参加中学会考。

1939 年　　与罗伯特·安泰尔姆结婚,而后居于圣日耳曼德普雷区圣伯努瓦街 5 号。

1942 年　　结识迪奥尼斯·马斯科罗。

1943 年　　以笔名玛格丽特·杜拉斯在伽利玛出版社出版《厚颜无耻的人》(又译《无耻之徒》),登上文坛;和罗伯特加入抵抗组织。

1944 年　　《平静的生活》由格诺出版社出版;二哥保罗去世;丈夫罗伯

特因犹太人身份被捕,流放到布亨瓦尔德;秋天加入法国共产党。

1946 年　　与罗伯特·安泰尔姆离婚。

1947 年　　6 月 30 日与迪奥尼斯·马斯科罗的儿子让·马斯科罗出生。

1950 年　　发表由伽利玛出版社出版的小说《抵挡太平洋的堤坝》,与龚古尔文学奖擦肩而过。

1952 年　　发表由伽利玛出版社出版的小说《直布罗陀的水手》。

1953 年　　发表由伽利玛出版社出版的小说《塔吉尼亚的小马》。

1954 年　　发表由伽利玛出版社出版的短篇小说集《树上的岁月》(又译作《林中的日子》),后于 1976 年改编成电影上映。

1955 年　　发表小说《广场》,通过琐碎对话,表现日常生活,捕捉他们的细微情感,特别是人在社会中的孤独感,预示着新文学形式的出现。

1958 年　　发表由子夜出版社出版的小说《琴声如诉》(又译作《如歌的行板》);购买诺弗勒城堡。

1959 年　　6 月 10 日由阿兰·雷奈拍摄的电影《广岛之恋》在法国上映,1960 年底电影剧本出版;发表剧本《塞纳·瓦兹的高架桥》。

1960 年　　当选为法国美第奇文学奖评委。

1961 年　　发表电影剧本《长别离》。

1962 年　　发表由伽利玛出版社出版的小说《安德马斯先生的午后》。

1964 年　　发表由伽利玛出版社出版的小说《劳儿之劫》(又译作《劳尔·V.施泰因的迷醉》)。

1965 年　　发表由伽利玛出版社出版的《剧本集》(一)和小说《副领事》。

1966 年　　发表电影剧本《音乐》。

1967 年　　发表由伽利玛出版社出版的小说《英国情人》和《剧本集》(二)。

1969 年　　发表小说《毁灭,她说》,并改编执导第一部电影,开始了文字、电影、剧本三栖的创作。

1970 年　　发表小说《阿巴恩、萨巴娜、大卫》。

1971 年　　发表《劳儿之劫》的续篇《爱》；执导电影《黄色太阳》（又译作《太阳正黄》）。

1972 年　　将《爱》改编并拍摄为电影《恒河女子》。

1973 年　　创作电影剧本《纳塔丽·格朗热》，同年在诺弗勒堡被拍为电影；发表电影剧本《印度之歌》。

1974 年　　和科萨维耶尔·高提埃对话，发表由子夜出版社出版的《话多的女人》（又译作《说话者》）。

1975 年　　拍摄电影《印度之歌》。

1976 年　　执导剧情片《她在威尼斯时的名字在荒凉的加尔各答》，该片于同年在法国上映；拍摄电影《巴克斯特，维拉·巴克斯特》和《树林中的日子》。

1977 年　　发表由法国商神出版社出版的电影剧本《伊甸影院》、子夜出版社出版的电影剧本《卡车》并拍摄为电影；发表短篇小说《黑夜号轮船》（又译作《夜船》）。

1978 年　　接受米歇尔·波尔特采访，发表由子夜出版社出版的《玛格丽特·杜拉斯的领地》；拍摄电影《黑夜号轮船》。

1979 年　　拍摄短片《塞扎蕾》《否定的手》《奥蕾莉亚·斯泰奈（墨尔本）》和《奥蕾莉亚·斯泰奈（温哥华）》；这四部影片的文本和《奥蕾莉亚（三）》于同年 12 月由法兰西信使出版社出版。

1980 年　　7 至 9 月，为《解放报》撰写《八〇年夏》，后于 1982 年由午夜出版社结集出版；与扬·安德烈亚开始金色的黄昏之恋；发表电影剧本《维拉·巴克斯特或大西洋海滨》，短篇小说《坐在走廊里的男人》和散文《绿眼睛》；10 月，应密特朗之邀和他一起参加了庆祝法国在美国独立战争中约克敦围城战役胜利二百周年纪念日。

1981 年　　发表小说《阿加达》《女孩与男童》和散文集《外面的世界》（P.O.L 出版社）；编剧、导演剧情片《大西洋的男人》，该片于同年在法国上映。

1982 年　　发表剧本《罗马的对话》、小说《大西洋的男人》《死亡的疾病》(又译《死亡的病症》《绝症》),1986 年被改编为《诺曼底海滨的娼妓》;发表剧本《萨瓦纳湾》,又译作《萨瓦纳海湾》,后由杜拉斯执导并获 1983 年法兰西学院的戏剧大奖;10 月,住进巴黎的诺伊利医院接受第一次戒酒治疗。

1984 年　发表《剧本集》(三);中国情人去世;9 月 4 日,发表小说《情人》;11 月 12 日,荣获当年的龚古尔文学奖;出版自传式对话录或记忆中的某些想法的忠实记录的随笔集《物质生活》,杜拉斯该书的写作为"流动的写法";最后一部由杜拉斯编剧并导演的《孩子们》在法国上映;介入克里斯蒂娜·维尔曼事件。

1985 年　发表小说《痛苦》(P.O.L 出版社)、《契诃夫的海鸥》;电影剧本《音乐之二》;荣获海明威文学奖。

1986 年　发表由子夜出版社出版的小说《蓝眼睛黑头发》(又译作《乌发碧眼》)、《诺曼底海滨的娼妓》。

1987 年　发表由 P.O.L 出版社出版的《物质生活》;发表小说《埃米莉·L》。

1988 年　10 月 17 日,做了气切手术,次年 6 月出院;拍摄《情人》提上议事日程。

1990 年　发表由 P.O.L 出版社出版的《夏天的雨》;罗伯特·安泰尔姆去世。

1991 年　发表由午夜出版社出版的小说《中国北方的情人》。

1992 年　发表由 P.O.L 出版社出版的《扬·安德烈亚·斯泰纳》;《情人》由让·雅克·阿诺改编成电影上映。

1993 年　发表由伽利玛出版社出版的《写作》。

1995 年　发表散文《这就是一切》。

1996 年　3 月 3 日去世,同月《描写的大海》由扬·安德烈亚·斯泰纳发表。

1997 年　《1943—1993 小说、电影、剧本集》由伽利玛出版社出版。